기독교문서선교회 (Christian Literature Center: 약칭 CLC)는 1941년 영국 콜체스터에서 켄 아담스에 의해 시작되었으며 국제 본부는 미국 필라델피아에 있습니다. 국제 CLC는 59개 나라에서 180개의 본부를 두고, 약 650여 명의 선교사들이 이동도서차량 40대를 이용하여 문서 보급에 힘쓰고 있으며 이메일 주문을 통해 130여 국으로 책을 공급하고 있습니다. 한국 CLC는 청교도적 복음주의 신학과 신앙서적을 출판하는 문서선교기관으로서, 한 영혼이라도 구원되길 소망하면서 주님이 오시는 그날까지 최선을 다할 것입니다.

추천사

최진봉 교수
장로회신학대학교 예배설교학

　본서는 현장의 예배가 위축되는 시대에 교회와 신자들을 보다 풍성한 예배의 자리로 초대하는 예배 안내서이자 교육 교재이다. 저자는 자신을 포함해 많은 신자가 경험하는 예배의 무력감을 인지하면서 그 원인이 볼품없고 지루하게 느껴지는 예배가 아닌, '예배'라는 거룩한 행동의 이유와 의미에 무관심한 예배자들의 이해 부족에 있음을 주목한다.

　예배의 주체가 사람이 아닌 성령 안에서 역사하는 하나님이라 할 때, 그 어떤 예배도 무능하다고 말할 수 없으며, 오히려 예배를 알지 못하고 드리는 예배자의 무지함이 예배의 능력에 대한 감각을 둔감하게 만든다고 본다.

　따라서 저자는 예배는 아는 만큼 열리고, 이해하는 만큼 경험함을 확신하면서, 예배를 위한 기초적이고 실제적인 안내를 제공한다. 이를 위해 그는 예배의 각 요소가 지닌 배경과 목적, 그 의미를 간결하게 설명하는데, 무엇보다 본서가 예배의 순서들에 대한 신학적인 배경을 제시하면서도 그 내용을 독자의 시각에서 쉽고 짧게 풀어쓴다는 점에서 기존의 예배 안내서들과 차별성을 분명히 한다.

본서는 매주 예배하는 신자들만이 아닌, 예배를 이끄는 인도자와 사역자 모두에게 부담 없이 읽힘과 동시에 예배학교나 예배 인도자 교육을 위한 맞춤형 교재로 사용되기에 손색이 없다. 마지막으로 저자의 경험과 묵상, 성찰이 하나님을 향한 그의 순수한 신앙과 신학적 관심 그리고 젊은 열정을 타고 한 권의 책으로 나오게 됨을 감사하며 기쁘게 여긴다.

모쪼록 본서가 하나님을 갈망하는 신자와 교회들이 예배 안에 약속된 구원의 은총과 영적 활력을 누릴 수 있도록 섬기는 디딤돌이 되기를 기대한다.

민호기 목사
찬미워십 대표, 대신대학교 교회실용음악학부 교수

『예배드리기 5분 전에 읽는 책』이라는 제목에서부터 예사롭지 않더니, 젊은 예배 사역자로부터 전혀 예상치 못한 이야기가 흘러나온다.

고전적인 의미에서의 예배 예전과 절기에 대한 관심은 작금의 예배 인도자는 말할 것도 없고 기존의 목회자들마저도 생경할 수 있는 주제 아닌가!

현대적인 찬양 예배나 문화 사역에 한정될 줄 알았던 이 책의 지경은, 보다 광활한 곳을 향한다. 예배 전반을 되짚어 이윽고 공동체의 예배로 뻗어 나가는 동시에, 하나님 앞에서 단독자로서의 예배자 내면 깊은 곳으로 침잠해 간다. 그리 길지 않은 분량이지만 여러 면에서 충만한 책이다.

혼자서 묵독하기도 좋지만, 함께 공부하며 읽기는 더 좋다. 성숙한 예배를 꿈꾸는 찬양 팀이나 예배 공동체에 기쁨으로 추천한다.

차성목 목사

하늘마음교회 담임

저자 주영광 목사는 오랫동안 청소년 캠프와 양육을 섬겨온 전문 사역자입니다.

참 귀한 것은 그 사역의 핵심이 '예배'라는 것입니다. 그렇게 예배를 섬겨오던 저자를 통해 예배를 쉽지만 깊이 있게 이해하고 준비할 수 있는 책이 나온 것은 하나님 나라에 유용한 일이라고 생각합니다.

이 책은 예배를 알고자 하는 새가족들에게 매우 유익할 것입니다. 이 책을 통해 보다 많은 이의 예배가 정돈되고 하나님을 향하게 될 것을 확신합니다.

허 림 피아니스트

서울장신대학교 예배찬양사역대학원 교수

커피에 여러 가지 맛이 있다고 한다. 일반인은 잘 못 느끼는 맛을 전문가는 느낀다. 예배도 아는 만큼 누릴 수 있다. 잘 몰라서 온전히 누리지 못하던 예배의 원리를 이 책을 통해 배울 수 있다.

지나치기 쉽지만 짚어야 하는 예배의 요소들을 친절하게 정리해 놨다. 챕터별로 읽고 생각을 나누는 소그룹 모임에 추천하고 예배 입문서로도 좋겠다. 청소년 사역자다운 간결하고 친근한 문장이라 읽어내려가기 좋은 친구 같은 책이다.

예배드리기 5분 전에 읽는 책

알면 더 기대되는 예배

A book to read before worship
Written by Young Kwang Joo
All rights reserved.
Korean Edition Copyright © 2020 by Christian Literature Center, Seoul, Korea

예배드리기 5분 전에 읽는 책
알면 더 기대되는 예배

2020년 11월 27일 초판 발행
2024년 02월 10일 초판 2쇄 발행

지 은 이 | 주영광

편　　집 | 황평화
디 자 인 | 서보원
펴 낸 곳 | (사)기독교문서선교회
등　　록 | 제16-25호(1980.1.18.)
주　　소 | 서울특별시 동대문구 천호대로71길 39
전　　화 | 02-586-8761~3(본사) 031-942-8761(영업부)
팩　　스 | 02-523-0131(본사) 031-942-8763(영업부)
이 메 일 | clckor@gmail.com
홈페이지 | www.clcbook.com
송금계좌 | 기업은행 073-000308-04-020 (사)기독교문서선교회

ISBN 978-89-341-2217-3 (03230)

이 도서의 국립중앙도서관 출판예정도서목록(CIP)은 서지정보유통지원시스템 홈페이지(http://seoji.nl.go.kr)와 국가자료공동목록시스템(http://www.nl.go.kr/kolisnet)에서 이용하실 수 있습니다. (CIP제어번호: 2020046136)

이 책의 저작권은 저자와 (사)기독교문서선교회가 소유합니다. 신저작권법에 의하여 한국 내에서 보호받는 저작물이므로 무단 전재와 무단 복제를 금합니다.

CLC 예배학 시리즈 29

알면 더 기대되는 예배

예배 드리기 5분 전에 읽는 책

주영광 지음

CLC

목차

추천사   1

  최 진 봉 교수 | 장로회신학대학교 예배설교학
  민 호 기 목사 | 찬미워십 대표, 대신대학교 교회실용음악학부 교수
  차 성 목 목사 | 하늘마음교회 담임
  허 림 피아니스트 | 서울장신대학교 예배찬양사역대학원 교수

저자 서문   11

제1강 예배가 뭔지 알면 더 좋지!! 첫 번째   14
제2강 예배가 뭔지 알면 더 좋지!! 두 번째   16
제3강 예배 순서 알아가기! 사도신경   18
제4강 예배 순서 알아가기! 예배의 부름   20
제5강 예배 순서 알아가기! 대표기도   22
제6강 예배 순서 알아가기! 성경 봉독   25
제7강 예배 순서 알아가기! 찬양   27
제8강 예배 순서 알아가기! 설교   30
제9강 예배 순서 알아가기! 헌금   32
제10강 예배 순서 알아가기! 주기도문   34

제11강	사순절이 뭘까요?	36
제12강	사순절은 왜 46일인가요?	38
제13강	사순절에는 왜 보라색을 쓰나요?	40
제14강	종려주일은 무엇인가요?	42
제15강	고난주간, 어떻게 보내는 게 좋을까요?	44
제16강	부활이 저랑 무슨 상관이 있나요?	46
제17강	부활절 그리고 기쁨의 50일	48
제18강	예배와 연극의 차이점은 무엇일까요?	50
제19강	예배 공간을 정리해야 하는 이유?	53
제20강	기도를 보면 믿음을 안다!!	55
제21강	예배 시간에 왜 일어나나요?	57
제22강	성령강림절이 뭔가요?	60
제23강	예배, 2G를 기억해!	62
제24강	재미있는 예배, 어디 없나요?	64
제25강	예배에서 소금 만들기	66
제26강	예배에 도전하기!!	68
제27강	좁은 문을 지나는 예배	70
제28강	하나님 나라 체험관!	73
제29강	왜 굳이 모여서 예배하나요?	76
제30강	좋은 예배가 좋은 땅을 만든다	79
제31강	완전히 다른 것으로 변하는 자리!	82
제32강	포기하지 않는 예배자	84
제33강	믿음의 질주	86

제34강 뭐가 더 중요한가요?	89
제35강 가치를 올려드립니다	91
제36강 예배 공동체	93
제37강 성령과 예배	96
제38강 은혜 공동체	99
제39강 사명 공동체	102
제40강 과정의 축복	104
제41강 묘수에는 정수로	107
제42강 성벽을 세우는 이유	109
제43강 무엇 때문에 바쁘십니까?	111
제44강 예배의 능력	113
제45강 예배입니까 '쇼'입니까?	115
제46강 은혜와 감사	117
제47강 소비문화와 예배자	119
제48강 대림절은 무엇인가요?	121
제49강 기다림과 예배(대림절)	124
제50강 세례 요한 같은 예배자 1	126
제51강 세례 요한 같은 예배자 2	128
제52강 예배와 나, 설렘	130

저자 서문

주 영 광 목사
셀베이션 대표

  우리는 출입문에 '당기시오'라는 문구가 붙어있는 것을 수없이 보지만 이 문구를 눈여겨보지 않습니다. 당겨야만 열리는 문인데도 계속 밀면서 왜 열리지 않는지 불평할 때도 있습니다. 우리에게 '익숙함'은 '편안함'처럼 느껴질 수도 있지만, 그 편안함은 '무감각함'에 가까울 때도 많습니다.

  목사이기 이전에 한 사람의 그리스도인으로서 많은 예배를 드렸습니다. 한 사람의 사역자로 많은 예배를 인도하고 찬양을 인도했습니다.

  그러던 어느 날, 예배에 임하는 마음이 '편안함'을 지나 '무감각함'에 이르고 있는 자신을 발견했습니다. 그러면서 예배 자체에 대한 궁금증과 갈급함이 생겼습니다. 이런저런 방법으로 예배에 관한 공부를 시작했습니다. 이후 저는 예배를 드리면서도 예배에 대해 너무나 몰랐다는 것과 그것이 무감각한 예배의 원인임을 깨달았습니다.

2019년 새해를 맞이하며, 섬기는 교회 찬양팀원들도 예배에 대해 더 알았으면 좋겠다는 생각에서 이 글을 쓰기 시작했습니다. 예배에 대해 쉽지만 가볍지 않게, 현장에 필요하면서도 적절한 신학적 관점을 견지하면서 집필하려고 했습니다. 그렇게 몇 자씩 적어가다 보니 예배에 대한 교육이 찬양팀에게만이 아니라 우리 모두에게 필요한 것임을 절실히 느꼈습니다.

그래서 이 책은 교회에서 예배를 섬기는 찬양팀뿐만 아니라 모든 그리스도인에게 필요한 책입니다. 사도신경을 큰 목소리로 해야 한다고 하기 전에 왜 하는 것인지 알아야 하고, 찬양할 때 일어나서 하자고 하기 전에 왜 일어나야 하는지 알고 나면 시키지 않아도 할 수 있게 됩니다.

그런 것들이 하나하나 모이고 쌓여 가면 자발적인 예배자로 성장하는 토대가 될 수 있습니다. 아는 만큼 제대로 임할 수 있고, 예배의 의미가 살아나며, 예배자로 사는 것만으로도 일상 가운데 감사가 넘쳐날 것입니다.

이 책이 태어날 수 있도록 도와 주신 분들이 있습니다. 예배가 무엇인지 제대로 공부하게 해 주신 장로회신학대학교 김운용 교수님과 최진봉 교수님, 교회 현장에서 예배의 중요성을 가르쳐 주신 새명성교회 주금용 목사님, 청소년 캠프 현장에서 예배의 본질을 흐리지 않는 법을 알려 주신 찬양사역자 민호기 목사님께 특별히 감사드립니다.

또한, 이 책의 출판을 적극적으로 권고해 준 사랑하는 아내 김다정 전도사, 아빠 글 쓰는 동안에도 무럭무럭 건강하게 자라준 예쁜 딸 사랑이, 책을 쓰는 중에 하나님이 보내 주신 태중의 뿍음이에게 특별한 감사를 드립니다. 끝으로 원고 뭉치가 책으로 엮어지는 과정에서 수고하신 기독교문서선교회(CLC) 박영호 대표와 모든 가족께 감사드립니다.

2020년 여름,
웃음소리 가득하던 교회 사무실에서

제1강

예배가 뭔지 알면 더 좋지!!
첫 번째

    예배를 설명하고 이야기하기에 앞서 반드시 기억해야 하는 전제는, 어떤 설명도 예배의 가치와 능력을 온전히 담아낼 수 없다는 것입니다. 그것은 예배가 하나님이 인간에게 주신 신비한 선물이며 인간의 머리로 다 이해할 수도, 알 수도 없는 귀한 것이기 때문입니다.

    예배를 정의하는 많은 단어 가운데 우리에게 친숙한 'Worship'이라는 단어를 통해 예배가 무엇인지 이야기해 봅시다. '워십'(Worship)은 'Worth'와 'Ship'의 합성어로, 고대 영어로는 '가치'를 뜻하는 'Weorth'와 '-됨'을 뜻하는 'Scipe'의 합성어입니다.

    그에 따라 '워십'의 뜻을 풀어 설명하면 '하나님께만 가치가 있음을 인정하는 자리' 혹은 '하나님께만 가치를 두는

행위'가 됩니다.[1]

이 정의에 따르면 예배의 자리는 하나님이 왕 되시는 자리이며, 우리의 시간과 노력과 물질 등 우리가 가진 가치 있는 것들이 하나님께 올려지는 시간입니다. 이는 우리가 모여서 예배하는 시간에만 해당하는 것이 아니라 우리가 어디에 있든지 하나님을 예배할 수 있다는 것을 뜻합니다.

예배 가운데 아무것도 하지 않고 가만히 앉아 시간을 때우는 것은 예배라고 할 수도 없고 의미를 찾기는 더욱 어렵습니다. 반대로 우리의 모든 가치를 올려드리고자 예배의 자리에 앉기 시작한다면, 하나님이 기뻐하시는 예배를 드리게 될 뿐만 아니라 예배가 주는 진짜 기쁨이 삶을 가득 채울 것입니다.

오늘도 하나님 앞에 진짜 예배를 드립시다.

---

[1] James F. White, *Introduction to Christian Worship*, 김상구, 배영민 역, 『기독교 예배학 개론』(서울: 기독교문서선교회, 2017), 39.

제2강

예배가 뭔지 알면 더 좋지!!
두 번째

독일어로 예배를 나타내는 '고테스딘스트'(Gottesdienst)라는 단어는 영어로 표현하면 'God's service and our service to God'으로, '하나님의 서비스와 하나님을 향한 우리의 서비스'가 됩니다. 영어로 나타내기에 상당히 어려운 표현이며, 한 단어로 이 모든 의미를 담을 수 있는 것이 큰 장점입니다.[2]

여기서 주목할 것은 예배의 양방성입니다. 예배는 우리의 가치를 올려드리는 우리의 서비스이기도 하지만, 그 전에 하나님의 서비스입니다. 우리의 행동으로 가득한 것처럼 보이지만, 하나님의 임재가 강하게 드러나는 자리입니다.

예배는 결코 한 방향으로 이루어지는 것이 아니며 하나님의 서비스와 우리의 서비스가 만나는 지점에서 완성됩니다. 하나님이 원하시는 자리에서 하나님을 예배할 때, 하나

---

2 White, 『기독교 예배학 개론』, 37.

님이 우리에게 주시는 것들을 온전히 체험할 수 있습니다.

오늘 우리 예배 가운데 하나님이 어떻게 일하시는지 그리고 우리는 그 앞에 어떻게 반응할지 기대하며 예배할 수 있기를 바랍니다.

제3강

예배 순서 알아가기!
사도신경

매주 외우는 사도신경!

왜 예배 때마다 하는 것이며, 지금처럼 우물우물 외워도 되는 것일까요?

사도신경은 교회에서 가장 많이 사용되는 신앙고백이며, 그리스도인이 믿는 바가 집약되어 있습니다. 사도신경에 대해 『교회용어사전』은 다음과 같이 설명합니다.

> 사도신경은 초대교회 세례 문답의 기본 골격으로서⋯ 주로 세례 문답을 할 때 질문의 형태로(예를 들면, "그대는 전능하사 천지를 만드신 하나님 아버지를 믿는가?" 등의 형태로) 사용되었다.
> 지금과 거의 같은 형태의 사도신경이 채택된 것은 여러 차례의 교회회의(325년 니케아 종교공의회, 381년 콘스탄티노플공의회,

431년 에베소공의회, 451년 칼케돈공의회)를 거치면서였다.³

이것을 매주 하는 데는 여러 가지 의미가 있지만, 초대교회에서 세례 문답으로 사용되던 것을 생각하면 예배 안에 지니는 더 큰 의미를 알 수 있습니다.

세례는 단순히 물 한 번 맞는 것이 아니라 마치 결혼식과 같아서, 우리가 하나님과 연애하던 사이에서 공식적으로 사랑하는 사이가 됨을 나타내는 것입니다. 즉 하나님 자녀가 되었다는 사실을 많은 사람 앞에서 증명하는 것이고, 이제 예수님을 머리로 하는 교회에서 한 몸이 되는 것입니다.

우리는 매주 사도신경을 고백함으로써 내가 세례받은 사람임을 확인하고 그리스도인임을 고백합니다. 쉽게 말하면 나는 예수 믿는 사람이라고 대놓고 말하는 것입니다.

이 고백을 통해 우리의 신앙을 확인하고 세례를 기억함으로써 하나님의 자녀가 되었다는 사실과 교회와 한 몸이 되었다는 사실을 기억하고 그것을 매주 재현하는 의미를 띱니다.

그런 의미를 알면 우리는 더는 사도신경을 주문처럼 입 안에서 우물우물 고백할 수 없습니다. 나는 그리스도인임을 온 세상이 알도록 확신에 찬 목소리로 힘차게 고백할 수 있기 바랍니다.

---

3   가스펠서브 편, 『교회용어사전』 (서울: 생명의말씀사, 2019), 289.

제4강

예배 순서 알아가기!
예배의 부름

예배드리러 왔는데, 같이 예배드리고 싶지 않은 사람이 있었던 적이 있을 것입니다. 하나님을 예배한다고는 하지만 그 불편한 마음을 지우기 어려운 게 현실입니다. 그런데도 우리는 예배드려야 합니다.

왜일까요?

예배의 부름은 'Call to Worship'으로, 좀 더 직역하면 '예배하기 위해 부름'이라고 봐도 무방합니다. 예배에 우리가 스스로 나온 것처럼 보이지만 사실은 하나님이 예배자를 예배하라고 부르신 것입니다. 예배의 부름으로 예배를 시작하는 것은 예배에 나온 우리가 우리의 의지로 나온 것이 아니라, 하나님의 부르심으로 나온 것임을 일깨워 줍니다.

하나님이 예배에 우리를 부르셨다는 것은 생각보다 큰 의미와 적용점을 지닙니다. 오늘 하나님이 나를 이 예배의 자리에 있게 하신 분명한 이유가 있습니다. 오늘 꼭 봐야 하는 것, 꼭 들어야 하는 것이 이 예배에 있을 것이며, 오늘 드리는 이 예배 한 번으로 우리의 인생이 완전히 바뀔 수도 있습니다.

오늘 예배에 함께하고 싶지 않은 사람이 있다면, 하나님이 그 사람과 나를 같이 그 예배에 부르신 이유가 있을 것입니다. 그 자리에 두 사람이 함께 있어야 하는 이유가 하나님께는 있는 것입니다.

예배는 하나님의 부르심으로 시작됩니다. 그 사실을 기억하며, 오늘도 우리를 예배의 자리로 불러 주신 하나님께 감사함으로 나아가며 하나님이 우리를 부르신 이유와 목적을 찾을 수 있기를 소망합니다.

제5강

예배 순서 알아가기! 대표기도

예배가 현대화되고 변화되었어도 주일에 드려지는 대부분의 예배에서 여전히 빠지지 않는 순서 중 하나가 바로 '대표기도'입니다.

이 대표기도는 어디서 시작된 것이며, 왜 하는 것이고, 어떻게 하는 게 좋을까요?

대표기도는 본래 '목회기도'였습니다. 『교회용어사전』에 따르면 목회기도는 '목회자(목사)가 예배를 드리는 무리(교회에 속한 모든 사람)를 위하여 드리는 일종의 사제적 기도'입니다.[4]

그래서 목회기도는 예배 안에 있는 광고와 연관이 깊습니다. 공동체가 하는 사역, 공동체의 아픔이나 기쁨이 녹는 기도가 되어야 합니다. 따라서 대표기도자는 목회자가 아

---

4 가스펠서브 편, 『교회용어사전』, 536.

닐지라도 목회적 관점으로 광고에 관심을 가지고 공동체를 살펴 공동체에 필요한 기도를 해야 합니다. 일반적으로 좋은 대표기도는 다음의 틀을 지닙니다.

1. 하나님을 부름('주님'보다는 '하나님'이 좋음)
2. 회개(한 주간의 죄를 하나님 앞에 아룀)
3. 간구(공동체가 하나님께 바라는 것을 구함)
4. 예수님의 이름으로 기도

대표기도는 공동체를 대표하여 하나님께 드리는 기도입니다. 그래서 기도에 지극히 개인적인 내용이 들어올 수 없고, 우리가 모두 함께 드리는 기도의 개념으로 접근해야 합니다.

그런데 많은 경우 누가 해도 비슷한 기도 내용, 매주 반복되는 것 같은 단어로 기도합니다. 이것은 모두가 함께 드리는 기도의 의미를 흐리게 하기도 합니다. 기도가 지루하고 들리지 않을 수 있기 때문입니다.

특별히 요즘 드려지는 예배 형식에서는 찬양팀의 찬양 후 대표기도가 있는 경우가 많습니다. 그럴 때 설교자와 찬양팀이 소통하는 경우는 많지만, 대표기도자와 소통하는 경우는 드뭅니다. 하지만 이 사이의 소통을 통해 같은 주제로 찬양하고 기도하고 설교한다면 더 좋은 예배가 될 수 있습니다.

예를 들어 말씀과 찬양의 주제가 '창조'라고 했을 때 기도자가 하나님을 '사랑의 하나님'이라고 부르는 것보다 '창조주 하나님'이라 부르는 것이 더 좋다는 이야기입니다.

예배 중 찬양과 기도와 말씀이 한 가지 주제로 어우러질 때, 기도하는 사람도 자연스럽게 사용하는 문구나 단어를 고민하게 될 것이고 준비 없이 단에 설 수 없을 것입니다. 또한, 함께 기도하는 이들에게도 귀를 스쳐 가는 것이 아닌 들리는 기도로 변화될 수 있습니다.

오늘 예배 가운데 대표기도를 포함한 모든 순서가 의미 있고 은혜로운 시간이 되기를 바랍니다. 하나님은 오늘도 모든 순서 가운데 함께하실 것입니다.

제6강

예배 순서 알아가기! 성경 봉독

　성경 봉독은 우리에게 설교보다 중요한 시간일지도 모릅니다. 설교도 하나님의 말씀이지만 성경은 그보다 앞선 하나님의 말씀입니다.

　사실 성경을 봉독하는 사람은 하나님의 말씀을 전달하고 있으며, 성경 봉독은 종교개혁 이전에는 사제만 할 수 있었던 성스러운 의식이기도 했습니다. 영국 성공회의 경우에는 지금도 성경을 봉독하기 전에 성령님의 임재를 상징하는 예전적인 움직임을 하고 있으며, 말씀을 읽는 가운데 하나님이 일하실 것을 직접 표현하기도 합니다.

　또한, 초대교회 성도들은 성경을 봉독할 때 모두 자리에서 일어났습니다. 하나님이 우리 모두에게 주신 말씀이라는 사실을 기억하는 행동이라고 볼 수 있습니다. 성경 봉독은 예배에 아주 중요한 요소이며, 그저 설교 듣기 전에 본문을 소개하는 시간이 아님을 기억해야 합니다.

성경이 읽어질 때 그 말씀을 통해 하나님은 나에게 어떤 음성을 들려 주시며, 우리 공동체에는 어떤 메시지를 주시는지 집중하고 경청해야 합니다.

읽는 사람이 아나운서처럼 잘 읽는다고 더 은혜가 되는 것도 아니고, 잘 못 읽는다고 은혜가 안 되는 것도 아닙니다. 읽는 능력보다는 읽는 사람과 듣는 사람의 태도가 오늘 말씀이 어떻게 들려지는지 결정할 것입니다.

하나님은 우리의 외모가 아니라 중심을 보신다고 하셨기에 우리는 모든 예배 시간에 우리의 중심을 드려야 합니다. 특별히, 그냥 멍청히 있거나 혹은 스마트폰 보다가 넘어갈 수 있는 성경 봉독 시간이 예배에서 얼마나 중요한지 기억하고, 하나님 말씀을 경청하며 나아가는 예배가 되기를 바랍니다.

제7강

예배 순서 알아가기!
찬양

예배에서 찬양을 생각할 때 우리가 알아야 하는 대표적인 성경 말씀은 이사야 43:21 말씀입니다.

> 이 백성은 내가 나를 위하여 지었나니 나를 찬송하게 하려 함이니라(사 43:21).

하나님은 이사야 선지자를 통해 우리의 창조 목적이 하나님을 찬송하는 것이라고 하셨습니다. 하나님을 찬양하는 것은 우리에게 선택이 아니라 필수입니다. 이런 관점에서 우리가 지금 예배 시간에 하는 찬양을 점검해볼 필요가 있습니다.

1. 우리는 진정으로 하나님을 찬양하고 있는가?

하나님이 예배를 받으시는 대상이며 찬양의 대상이라면, 무대에 있든 회중석에 있든 우리는 하나님을 찬양하는 사람이어야 합니다. 따라서 예배 시간에, 특히 찬송가를 부르는 시간에 내 찬양을 하나님이 듣고 계신다는 마음으로, 하나님 앞에서 노래하는 마음으로 부르고 있는지 확인해 봐야 합니다.

무대에 설 때는 잘 되는데 내려왔을 때 그것이 어렵다면 더더욱 내 위치와 상관없이 하나님을 높이고자 하는 마음으로 채워지기를 간구해야 합니다.

2. 예배 시간에 부르는 곡들이 정말 하나님을 찬양하고 있는가?

기독교에서 부르는 노래들은 찬송가와 CCM(현대 기독교 음악, contemporary christian music)으로 분류되는 경우가 많지만, 가사의 내용에 따라 새롭게 분류해서 사용할 필요가 있습니다. 예를 들어 하나님을 경배하는 시간에 우리끼리 서로 축복하는 내용의 노래 혹은 하나님이 나를 위로하시는 내용의 노래를 부른다면 그 시간에 우리가 드리는 것이 진

정한 경배인지 진지하게 생각해 보아야 합니다. 우리는 우리를 위해 노래하는 것이 아니라 하나님을 위해 찬양해야 합니다. 하나님을 온전히 찬양할 때, 세상이 줄 수 없는 평안을 누릴 것입니다.

그렇다고 축복송이나 하나님의 위로가 담긴 노래가 쓸모없다는 것은 아닙니다. 우리가 앞서 나눈 것처럼 예배에는 하나님의 서비스와 우리의 서비스가 모두 존재합니다. 그렇기에 예배를 시작할 때 부르는 찬양, 설교 뒤에 부르는 찬양, 광고 후에 부르는 찬양, 예배 마지막에 부르는 찬양 등 예배에서 찬양이 위치하는 순서에 따른 적절한 선곡이 필요합니다.

하나님이 우리를 창조하신 목적에 맞추어 예배 시간에 살아있는 찬양을 올려드릴 수 있기를 소망합니다. 하나님이 주신 예배라는 선물을 맘껏 누릴 수 있도록 적절한 찬양들이 예배에서 불리기를 바랍니다.

제8강

예배 순서 알아가기!
설교

하나님의 말씀을 읽는 것과 듣는 것은 비슷하지만 다릅니다. 하나님의 말씀을 듣는 방법 중에서 우리가 가장 많이 접하는 것이 '설교'입니다. 하나님은 말씀 가운데 계신다고 합니다.

그렇다면 성경만 읽어도 될 텐데 왜 설교를 들을까요?

반대로 설교만 들어도 될 텐데 왜 성경을 읽어야 할까요?

성경은 하나님이 만들어 주신 일종의 '인생 매뉴얼'과 같으며, 많은 내용이 들어있습니다. 우리가 살아갈 때 필요한 것들을 하나님은 성경을 통해 말씀하고 계십니다.

물론 성경만 읽고 하나님이 내 삶 가운데 원하시는 것들, 나에게 하시는 말씀을 듣는 것이 쉬운 일은 아닙니다. 그래서 우리에게는 설교 시간이 필요합니다. 하나님의 말씀을 읽는 것으로도 충분할 수 있지만, 하나님은 설교자를 세우시고 그를 통해 하나님의 말씀 세계로 우리를 초대하십니다.

설교는 하나님의 말씀을 설교자가 전달해 주는 것으로 끝나지 않습니다. 설교자는 성경이 전하는 '예수'를 증거하고 '복음'을 선포합니다. 그리고 하나님은 그 가운데 우리를 성경의 세계로 초대하시며, 우리는 설교자를 통해 제시된 성경의 세계에서 하나님의 말씀을 듣게 됩니다.

  그냥 읽을 때는 보이지 않던 것들이 보이고 들리지 않던 것이 들리는 경험을 합니다. 그것은 우리의 삶을 변화시킬 것입니다.

  설교는 하나님의 잔소리가 아니라 말씀의 세계에서 전해진 초대장입니다. 오늘도 그 초대에 기쁨으로 응답하며 나아갈 수 있기를 바랍니다.

제9강

예배 순서 알아가기! 헌금

창세기 14장에서 소돔과 고모라에 살았던 아브람의 조카 롯이 재산을 노략질당하고 납치까지 당하는 사건이 일어납니다. 그 소식을 들은 아브람은 바로 군사 380명을 모아 쫓아갔고, 결국 조카 롯을 구하고 빼앗긴 모든 재산을 찾았습니다. 전리품도 잔뜩 챙길 수 있게 되었습니다.

전쟁을 마치고 돌아오는 아브람 앞에 두 명의 왕이 마중 나옵니다. 한 사람은 살렘의 왕 멜기세덱으로, 하나님의 제사장이었습니다. 다른 사람은 소돔의 왕이었습니다.

아브람은 하나님의 제사장 멜기세덱에게 십분의 일을 드립니다. 그 후 소돔 왕은 아브람에게 사람만 돌려 주고 나머지 재산은 가져갈 것을 제안합니다. 소돔 왕은 아브람에게 선의를 베푼 것입니다. 하지만 아브람은 대답합니다.

> 그대의 것은 실오라기 하나나, 신발 끈 하나라도 가지지 않겠습니다. 그러므로 그대는, 그대 덕분에 아브람이 부자가 되었다고는 절대로 말할 수 없을 것입니다(창 14:23, 표준새번역).

아브람은 하나님께 드리기를 택하고, 세상이 주는 것은 거절했습니다. 헌금은 신앙의 고백이며 하나님의 은혜에 대한 우리의 응답입니다. 돈이 우리의 주인이 아니라 하나님이 우리의 주인 되심을 고백하는 신앙고백입니다.

헌금을 많이 하느냐 적게 하느냐는 중요하지 않습니다. 하지만 하나님의 자녀라면, 하나님이 주인 된 하나님의 백성이라면 하나님 앞에 멋진 응답으로 나아가는 것이 마땅합니다. 오늘도 하나님 앞에 예물을 드리며 '인생의 주인은 하나님이심을 고백하는 시간'으로, 무엇보다 우리의 신앙이 고백 되기를 바랍니다.

제10강

예배 순서 알아가기! 주기도문

우리는 많은 예배에서 주기도문을 외웁니다. 교회마다 차이가 있지만, 예배에 주기도문이 들어가 있는 것은 상당히 흔한 일입니다.

그런데 언제 하는 것과 관계없이 하긴 하는데, 왜 하는지 알고 하는 경우는 많지 않은 것이 현실입니다. 그저 소그룹(구역, 목장, 셀 등) 예배 마무리할 때 사용하는 것으로 생각하는 분들이 계실 수도 있고, 그냥 외우면 좋으니까 한다고 생각하는 분들도 계실 겁니다.

주기도문이 가지는 의미는 무엇일까요?

예수님은 제자들에게 많은 것을 가르치셨지만 대부분 보여 주시기만 했지 직접 가르쳐 주시지는 않았습니다. 가령 병 고치는 것을 보여 주셨지만 이렇게 고치라고 매뉴얼을 주시지는 않았고, 사람들에게 하나님의 나라를 전파하셨지만 이렇게 전도하라고 제자들에게 가르쳐 주시지도 않았습니다.

그런데 예외적으로 예수님은 주기도문을 통해 기도를 구체적으로 알려 주셨습니다. 우리는 주기도문을 통해 예수님이 무엇을 어떻게 기도하셨는지 배울 수 있으며, 예수님이 이 땅에 이루고자 하셨던 것이 무엇인지 분명하게 알 수 있습니다.

주기도문은 하나님을 부르며 기도의 대상이 누구인지 확인하고, 하나님의 나라가 임하기를 구하고, 하나님께 영광을 돌리며 마무리됩니다. 우리의 예배에 필요한 것도 비슷합니다. 예배의 대상이 누구인지 구해야 하며, 예배 가운데 하나님 나라가 임하기를 기대하고, 하나님께 영광을 돌려야 할 것입니다.

예수님이 기도를 구체적으로 가르쳐 주신 이유는 주기도문 안에 많은 것이 포함되어 있기 때문이라고 생각합니다. 혹시 오늘 예배 가운데 주기도문을 외운다면, '눈 감고 읊조리는 주문'이 아니라 '예수님이 우리에게 남겨 주신 하나의 멋진 지침서'임을 기억하며 우리의 삶을 걸고 고백할 수 있기를 소망합니다.

제11강

사순절이 뭘까요?

 사순절은 재의 수요일부터 부활절 전까지의 기간을 말합니다. 사순절에는 우리가 알고 있는 종려주일, 고난주간, 성금요일을 포함합니다.

 특별히 한국교회는 이 기간을 상당히 중요하게 여깁니다. 특별 새벽기도, 릴레이 금식 등 많은 활동을 통해 기억할 뿐 아니라 의미 있는 절기로 지키고자 노력합니다. 이 기간에 십자가의 의미가 삶 가운데 되살아나기도 하며, 신앙적 회복이 일어나기도 합니다.

 그러나 사순절이 지나치게 슬픔에 집중되어 있어 정작 중요한 부활절이 흐려지는 것은 아닌지 돌아볼 필요가 있습니다. 어떤 의미에서 기독교는 성탄으로 시작하여 부활로 끝나는 종교라고 할 수 있습니다. 사순절이 중요하지 않다는 것이 아니라 부활절이 그만큼 중요하다는 것입니다.

이사야 선지자는 예수님의 십자가 사건을 다음과 같이 예언했습니다.

> 그가 찔림은 우리의 허물 때문이요 그가 상함은 우리의 죄악 때문이라 그가 징계를 받으므로 우리는 평화를 누리고 그가 채찍에 맞으므로 우리는 나음을 받았도다(사 53:5).

예수님이 우리를 위해 십자가를 지신 사건이 우리에게 감동적이고 너무나 감사하고 슬프기도 합니다. 하지만 분명한 것은 예수님을 통해 우리가 평화를 누릴 것이라는 사실입니다.

우리는 사순절 기간 예수님의 십자가를 기억하되 장례식에 임하는 듯한 마음이 아니라 부활하실 그분을 기대하는 마음으로 보낼 수 있기를 바랍니다.

제12강

사순절은 왜 46일인가요?

지난 장에서 본 것처럼 사순절은 재의 수요일부터 부활절 전날까지의 기간을 말합니다. 그런데 이 기간을 세어 보면 총 46일로, 숫자 40을 뜻하는 '사순'(四旬)과는 거리가 있어 보입니다.

6일은 어디로 갔을까요?

사순절을 계산할 때 46일 중 주일은 제외합니다. 예배학자 김정 교수님의 『초대교회 예배사』를 보면 그 이유를 잘 알 수 있습니다. 주일은 여러 가지 의미가 있는데 그 중 핵심적인 것이 '부활절'입니다. 사순절 기간임에도 주일은 '부활절'입니다.[5] 이것은 사순절 기간에도 주일은 장례식이 아닌 축제라는 뜻입니다.

저스틴 마터의 『변증록』에 있는 주일에 관한 설명을 김정 교수님은 저서에 다음과 같이 정리해 주셨습니다.

---

[5] 김정, 『초대교회 예배사』 (서울: 기독교문서선교회, 2016), 24.

> 모두가 모이는 날은 일요일(Sunday), 즉 첫째 날(the First Day)로, 이날 우리가 모두 모이는데, 이는 하나님이 이날 어둠과 물질을 변화시키시고 우주를 만드셨고, 또 이날 예수 그리스도 우리의 구주께서 죽은 자 가운데서 다시 살아나셨기 때문이다.[6]

주일은 매주 '작은 부활절'입니다. 고로 주일 예배는 장례식이 아니라 '부활절 잔치'입니다. 심지어 사순절에도 여전히 그렇습니다. 예수 그리스도의 희생과 죽음이 우리에게 슬픈 일이기는 하나, 우리에게 주신 부활의 기쁨은 어떤 것과도 비교할 수 없을 것입니다. 부활하심에 감사하며 축제로 드려지는 예배가 바로 오늘이기를 바랍니다.

---

[6] 김정, 『초대교회 예배사』, 24.

제13강

사순절에는 왜 보라색을 쓰나요?

하나님이 우리에게 '시간'이라는 선물을 주셨습니다. 이 시간이라는 선물에서 인간이 24시간을 정하고, 1월부터 12월을 정하고 연도를 정해서 사용하고 있습니다. 우리가 일반적으로 사용하는 달력에는 나오지 않지만, 예수 믿는 사람들에게 더 중요한 시간은 바로 '교회력'입니다. 우리가 잘 알고 있는 부활절, 성탄절이 대표적인 교회력이라고 할 수 있습니다.

그중에서도 우리는 부활절을 기다리며 사순절을 보냅니다. 모든 교회력에는 상징하는 색깔이 있는데, 사순절은 '보라색'을 사용합니다.

왜 많은 색깔 중에 보라색일까요?

요한복음 19장을 보면 예수님은 자색 옷을 입고 십자가 고난을 당하십니다. 한국어 성경에는 '자색'이라고 번역되어 있지만 NIV성경에는 '퍼플'(Purple)로 번역되어 있습니다. 자색은 자주색이 아니라 보라색입니다. 사순절은 예수님의 십자가 사건을 기억하며 회개와 속죄에 대해 감사를 하는 기간으로, 보라색을 사용합니다.

로마 병정들은 보라색 옷을 입으신 예수님을 '자칭 유대인의 왕'이라며 비아냥거리기도 했습니다. 그런데 그분은 우리에게는 자칭이 아닌 온 우주의 통치자이며 유일한 왕이십니다. 그리스도인에게 보라색은 예수 그리스도의 고난을 기억하는 의미가 담긴 색이기도 하고, 그분이 지신 십자가를 떠올리게 하는 색이기도 합니다. 사순절을 지나 부활이 다가오고 있음을 상기시키는 색상이기도 하며, 그분이 왕이심을 기억하게 하기도 합니다.

우리는 색상으로도 예배할 수 있습니다. 우리의 예배를 특별하게 만드는 것은 '특별예배'라는 명칭이 아니라 우리의 자세입니다. 사순절 기간 예배에 참여하며 보이는 것에 의미를 부여하고, 입는 것에 의미를 부여하기 시작하면 그냥 매주 드리던 예배가 특별해질 수 있습니다. 강단에 보라색 꽃장식이 되어있다면 우리는 그것을 보고 위 사실을 생각할 수 있습니다. 드레스 코드를 맞춰 예배에 참여할 수도 있습니다.

하나님의 역사는, 하나님의 은혜는 매주 특별했고 지금도 특별합니다. 우리가 특별하게 생각하지 않고 특별하게 참여하지 않았을 뿐입니다. 우리에게 주어진 모든 것을 활용하여 예배할 수 있기를 그리고 오늘 예배도 특별한 예배가 될 수 있기를 바랍니다.

제14강

종려주일은 무엇인가요?

부활절 한 주 전 주일을 종려주일이라고 부릅니다. 종려주일은 '예수께서 나귀를 타시고 예루살렘에 입성하실 때 많은 사람들이 종려나무 가지를 흔들며 호산나를 부르며 환영한 데서 붙여진 이름'(요 12:12-15)[7]이며 고난주간의 시작이기도 합니다.

사람들은 그에게 "호산나 찬송하리로다 주의 이름으로 오시는 이"(요 12:13)라고 소리치며 나뭇가지를 흔들었습니다. 다른 복음서와는 달리 요한복음은 '종려나무 가지'라고 구체적으로 밝히고 있습니다.

종려주일은 우리에게 어떤 의미가 있을까요?

대단히 많은 의미가 있지만 한 번쯤 종려주일에는 예수님의 '동선'에 집중해 보면 좋겠습니다. 예수님은 스스로 나귀를 타시고 예루살렘성으로 들어오셨습니다. 예루살렘은 예

---

[7] 가스펠서브 편, 『교회용어사전』, 577.

수님이 십자가 지실 장소이며 고난을 당하실 곳입니다. 그런데 예수님은 그곳에 스스로 들어오셨습니다. 예수님의 '동선'(動線)은 우리를 선택하신 중요한 사건입니다.

예수님은 선택하실 수 있었습니다. 스스로 예루살렘에 들어오지 않으셔도, 아니 실은 굳이 이 땅에 오지 않으셔도 되는 분입니다. 그러나 우리를 위해 예수님이 스스로 나귀를 타고 예루살렘성으로 들어오신 그날을 기념하는 것이 바로 종려주일입니다.

우리를 위해 스스로 오신 예수님을 기대하고 환영하는 마음으로, 실제 종려나무 가지를 흔들지 않을지라도 예수님의 동선을 기억하며 우리 마음 가운데 종려나무 가지를 흔들고 예수님의 '선택'에 감사하는 예배가 되기를 소망합니다.

우리를 '선택'하신 그분의 '동선'을 기억하며 우리 또한 그분을 '선택'하고 기억하는 '동선'으로 움직이고 드리는 예배가 되기를 간절히 바랍니다.

제15강

고난주간, 어떻게 보내는 게 좋을까요?

고난주간은 기독교 복음에서 중요한 자리를 차지하는 '십자가'가 가장 직접적으로 드러나는 절기입니다. 우리는 이 기간에 새벽기도도 하고, 영상을 챙겨 보기도 하며, 예수님의 아픔을 기억하기에 힘쓰고 묵상합니다. 그리고 그렇게 부활을 준비하는 여정으로 시간을 보냅니다.

그런데 예수님이 부활하셨다는 사실은 예수님이 정말로 돌아가셨다는 사실을 전제합니다. 죽음 없이는 부활도 없다는 뜻입니다. 그렇다면 우리는 고난주간을 보내며 슬픔에 잠기거나, 예수님의 장례식을 치르는 마음으로 임하는 것이 아니라 '예수님과 함께 죽음을 경험'해야 합니다.

고난주간은 예수님의 장례 절차가 아니라 내가 예수와 함께 죽는 기간이라는 뜻입니다. 고난주간을 보내고 부활의 기쁨을 만끽하고자 한다면 예수와 함께 죽어야 합니다.

우리가 예배 가운데 예수와 함께 죽고 부활함을 경험할 수 있기를 바랍니다. 한 주간의 시간을 보내며 더 살아난 내 생각은 죽고, 예수와 함께 부활하여 다시 한 주를 살아낼 수 있는 시간이 되기를 바랍니다.

　죽음이 있어야 부활이 있습니다. 예수와 함께 죽어야 예수의 부활이 참된 소망이 되고 기쁨이 될 것입니다. 이번 한 주간의 삶 가운데 나는 죽고 예수와 함께 사는 역사가 나타나기를 소망합니다.

제16강

부활이 저랑 무슨 상관이 있나요?

예수님이 부활하신 것에 대해 성경 여러 곳에서 증언하고 있습니다. 우리는 매주 사도신경을 통해 '몸의 부활과 영생을 믿는다'라고 고백합니다.

그런데 정말 그 부활이 우리와 관계가 있습니까?

십자가에서 돌아가신 예수님의 사랑으로 용서받았으면, 그거면 되는 것 아닙니까?

네, 아닙니다. 우리에게 부활이 없다면 기독교는 허구이고 가짜입니다. 우리가 믿는 예수 그리스도가 실패자가 아니라 구원자인 이유는 그분이 부활하셨기 때문입니다. 예수님은 그저 사람들을 선동하다가 십자가에서 삶을 마무리한 한 명의 청년이 아닙니다. 그분은 죽음도 이겨내신 구원자이며, 죽음도 막지 못할 만큼 우리를 사랑한 지독한 사랑꾼입니다.

그런데 더 놀라운 사실은, 예수님이 하신 부활을 우리도 경험하게 된다는 것입니다. 성경은 예수님의 부활을 "첫 열매"(고전 15:20)라고 표현합니다. 그냥 열매도 아니고 첫 열매인 이유는 그것이 두 번째도 있고 세 번째도 있고 열 번째도 있다는 뜻입니다. 예수님은 우리에게 부활을 선물하셨습니다.

부활은 예수님이 다시 오셨을 때만 일어나는 사건이 아니며, 아직 멀기만 한 죽음 이후에 존재하는 미지의 사건이 아닙니다. 우리는 예수를 믿기 시작할 때 죽음을 경험합니다. 세례를 받을 때 물에 들어가거나, 머리에 물을 맞는 이유는 우리가 예수와 함께 죽었다는 의미가 있기 때문입니다.[8]

우리는 예수를 믿기 시작하면서 죽었고, 다시 살았습니다. 지금의 우리에게 주어진 삶은 이미 영적 부활을 경험한 삶입니다. 그렇기에 같은 세상을 살아가지만 바라는 것이 다르고, 삶의 이유도 목적도 방향도 다를 수밖에 없습니다.

당신은 예수 믿는 사람입니까?

그렇다면 기뻐하십시오. 당신은 예수와 함께 죽고 부활하였습니다. 그리고 또 예수님이 다시 오실 때 부활할 것입니다. 오늘 드리는 예배 가운데 다시 한번 기억할 수 있기를 바랍니다.

"기뻐하십시오. 당신에게 예수님이 부활을 선물하셨습니다."

---

[8] 김정, 『초대교회 예배사』, 107.

제17강

부활절 그리고 기쁨의 50일

대림절 → 성탄절 → 사순절 → 부활절 → 기쁨의 50일 → 성령강림절

교회에서 찬양팀을 해 보신 분들은 더 공감하실 것이고, 부활절에 찬양 축제를 준비해 보신 분들도 같은 마음이실 것으로 생각합니다. 예수님의 고난을 묵상하고 슬퍼하는 찬양은 많지만 '부활' 자체를 기뻐하는 찬양은 많지 않습니다.

그도 그럴 것이, 예수님의 고난은 사순절 40일간 묵상하지만, 부활은 부활절 하루만 기뻐하고 있으니 당연한 결과인지도 모릅니다. 그런데 우리가 이전부터 지켜오던 부활절은 하루가 아니라 50일의 '부활 절기'였습니다.

초대교회에서는 부활의 기쁨을 부활절부터 성령강림주일까지 이어갔습니다. 이 기간을 '기쁨의 50일'(The Great

Fifty Days)이라 부릅니다.[9] 사순절은 40일이고 부활절은 50일인 셈이며, 이미 나온 것처럼 모든 주일은 '부활절'입니다. 그러니까 사실 기독교는 슬픔의 종교가 아니라 기쁨의 종교입니다. 따라서 우리는 '기쁨의 공동체'이며 우리가 드리는 예배도 예수 그리스도의 장례식이 아니라 부활을 기뻐하고 부활에 동참하는 것입니다.

예배를 준비하러 예배당에 있으면, 일찍 오신 성도님들이 굳은 표정 아니면 거의 울상으로 기도하고, 침묵 가운데 예배를 준비하고 있음을 봅니다.

그런데 예수님의 부활이 저세상 이야기가 아니라 우리 삶에 주어진 예수님의 선물이라면, 또 우리가 그것을 기뻐하기 위해 모였다면 밝은 낯빛으로 웃으며 기도하는 것이 더 바람직한 모습이 아닐까요?

하나님께 웃으며 기도하고, 웃으며 찬양하고, 웃으며 말씀 듣는 것이 우리에겐 여전히 어색하지만, 최소한 기쁨의 50일에는 예수님이 주신 선물에 대해 기쁨으로 반응해 보기 바랍니다. 오늘 예배 가운데, 세상이 줄 수 없는 기쁨을 맛보고 체험하는 시간이 되기를 바랍니다.

예수님은 오늘도 부활하셨습니다!

---

[9] 주승중, 『은총의 교회력과 설교』 (서울: 장로회신학대학교출판부, 2014), 102.

제18강

예배와 연극의 차이점은 무엇일까요?

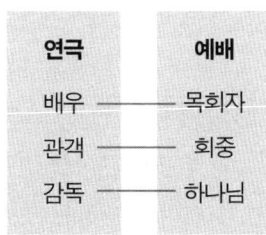

'주일에 예배 보러 간다'라는 말을 한 번쯤 들어봤을 겁니다. 예배를 '보러' 왔다는 것은 하나님께 예배드린다는 표현보다 '구경'에 훨씬 더 가까운 의미라고 할 수 있습니다. 그러나 교회 안에 이 말이 쉽게 통용되는 까닭은 많은 사람이 그렇게 생각하기 때문일 것입니다.

마르바 던이 『고귀한 시간 낭비 예배』에서 비유를 통해 설명한 내용을 토대로 예배에 대하여 정리해 보고자 합니다.[10]

왼쪽 도식과 같이 연극과 예배에 관련된 항목들을 보여주며 서로 연결해 보라고 하면 배우는 목회자로, 관객은 회

---

[10] Marva Dawn, *A Royal "Waste of Time"*, 김병국, 전의우 역, 『고귀한 시간 '낭비' 예배』(서울: 이레서원, 2004), 77-78.

중으로, 감독은 하나님으로 생각하는 것이 일반적입니다. 회중은 목회자가 하는 것을 구경하고 하나님은 목회자를 컨트롤하신다고 이해하기 때문입니다.

이런 이해는 상당히 위험합니다. 왜냐하면, 관객은 배우를 평가하는 존재이며, 오늘 연극이 좋았는지 좋지 않았는지는 배우나 감독이 아니라 관객의 반응이 결정하는 것이기 때문입니다. 그래서 어쩌면 우리는 예배에 임하는 가운데 많은 부분을 평가하고 판단하고 점수 매기고 있는지 모르겠습니다.

그렇다면 다시 그린 도식처럼 예배에 대한 점수를 매길 수 있는 유일한 분, 하나님이 관객이 되면 어떨까요?

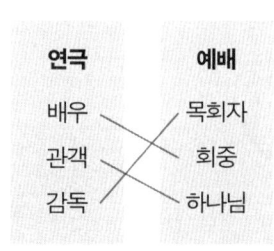

하나님을 관객으로 하고, 목회자라는 감독이 연출하고, 회중은 배우가 되어 하나님께 예배를 드리는 모습은 어떤가요?

우리는 연극을 보듯 예배를 구경하러 오는 게 아니라 한 사람의 예배자로 오는 것입니다. 우리가 배우이고 목회자는 감독이며 하나님이 관객이십니다.

오늘도 우리는 예배합니다. 진짜 관객이 누구인지 깨달은 우리의 예배는 달라질 것입니다. 연극배우와 감독의 만족은 관객의 만족으로부터 시작됩니다.

설교자의 설교가 나를 만족시키지 못할지라도, 오늘 부르는 찬양이 내가 좋아하는 찬양이 아닐지라도 우리는 예배합니다. 나의 만족을 위함이 아닌 하나님의 만족을 위한 예배를 드립니다. 하나님이 만족하실 때 우리에게 진짜 만족이 찾아옵니다.

오늘부터 우리, 하나님이 만족하는 예배를 드립시다.

하나님만 예배합시다.

제19강

예배 공간을 정리해야 하는 이유?

예배가 끝난 뒤, 혹은 모임이 끝난 뒤 그 자리에 음료수 캔이 남아있고, 테이크아웃용 플라스틱 컵이 그대로 놓여 있다면 우리는 그것을 치워야 합니다. 지난주에 먹은 간식의 포장 비닐이 떨어져 있다면 그것을 치우는 것은 집사님이나 권사님들의 몫이 아니라 우리의 몫입니다.

집에 친구가 놀러 온다고 가정해 봅시다. 우리 집에 친구가 온다는 사실을 믿는다면, 반드시 집을 치울 겁니다. 평소에 그다지 신경 쓰지 않으며 여기저기 내버려 두었다 할지라도 쓰레기를 치우며 주변을 정리할 것이고, 음식물을 싱크대에 그냥 남겨 두지는 않을 겁니다. 친구가 그 공간에 놀러 올 거라는 약속을 믿기에 공간을 정리하는 것입니다.

오늘 우리가 예배드리는 이 자리, 예배 공간에 하나님이 함께하심을 믿는다면 우리가 그 공간을 정리하는 행위도 신앙고백입니다. 예배 공간을 준비하는 것도 중요한 믿음의 표현입니다.

사실 하나님은 언제나 그곳에 계시지만, 우리가 예배드리는 그 시간에 우리도 거기 있고 하나님도 거기 계십니다.

하나님이 우리 예배 가운데 함께하심을 믿으십니까?

그러면 우리 예배 공간을 정리합시다.

정리하면서 이곳에 주실 하나님의 은혜를 기대하고, 이곳에 하나님이 오실 것이라는 믿음을 고백할 수 있기를 바랍니다. 오늘 예배 가운데에도 그런 고백이 담겨있기를 진심으로 소망합니다.

제20강

기도를 보면 믿음을 안다!!

초대교회는 '렉스 오란디'(Lex Orandi), '렉스 크레덴디'(Lex Credendi)라는 신앙고백을 남겼습니다. 이것은 라틴어로 '기도의 법이 곧 믿음의 법'이라는 뜻입니다.[11] 그 의미를 조금 더 깊이 새겨 보면, 우리가 고백하는 것이 우리의 믿음이 된다는 뜻입니다.

무엇을 기도하고 있는지가 어떤 믿음을 형성한다는 뜻도 되고, 반대로 기도를 보면 어떤 믿음이 있는지 확인할 수 있다는 뜻도 됩니다.

평생 교회에 다니고 예수를 믿어도 본인과 가정을 위한 기도 외에 다른 기도는 해본 적도, 할 줄도 모르는 사람이 많습니다. 교회 밖 이야기가 아니라 교회 안 이야기입니다. 결국, 그것은 그런 사람들의 믿음 수준이 본인 하나만 잘 믿는 수준밖에 안 된다는 이야기입니다.

---

[11] 김정,『초대교회 예배사』, 48.

교회를 몇 년 다녔는지가 중요한 게 아닙니다. 내가 아직 젊고 어리다는 것은 핑곗거리도 안 됩니다. 우리가 무엇을 기도하고 있는지, 내가 평소 하나님께 어떤 고백을 하고 있는지 살펴봅시다. 그게 우리의 믿음입니다.

더욱 튼튼한 믿음과 더 건강한 신앙생활을 위해 우리는 반드시 기도해야 합니다. 나를 위해, 내 가족을 위해서뿐만 아니라 우리 동네를 위해, 학교와 직장을 위해, 대한민국과 세계 복음화를 위해, 소외되고 약한 이웃들을 위해 기도해야 합니다.

오늘 예배에 쓰임 받는 우리도 그래야 합니다. 나만을 위해 기도하던 우리가 함께 예배하는 사람들을 위해 기도해야 하고, 나아가 함께 예배할 수 없는 사람들을 위해서도 기도해야 합니다. 예배에 불러 주신 것만으로도 감사하는 기도, 우리를 사용하시는 하나님께 드리는 감사의 기도가 넘치기를 바랍니다. 교회 다닌 기간만 늘어나는 것이 아니라, 일상 가운데 우리의 기도도 믿음도 늘 성장하기를 소망합니다.

제21강

예배 시간에 왜 일어나나요?

예배 시간에는 앉아만 있어도 될 텐데 왜 일어서라고 할까요?

일단 결론부터 말하면, 예배 시간에 일어나는 것은 행동으로 나타내는 '신앙고백'으로, 예배의 중요한 요소입니다.

사도행전에는 예수님의 제자들을 통해 나타난 기적들이 많이 있습니다. 그 중 '일어남'과 관련된 것을 살펴 보면 그 의미를 더욱 잘 알 수 있습니다.

사도행전 9장에서 베드로는 중풍이 걸려 8년째 누워있던 애니아를 일으킵니다. 그때 베드로는 일어나라고 했고 애니아는 일어났습니다. 그 후 베드로는 죽은 다비다를 살리게 되는데, 여기서도 일어나라고 말했고 다비다는 살아났습니다.

그러나 많은 장면 중 가장 극적인 장면은 사도행전 3장에 나오는, '성전 미문에 있던 걷지 못하는 사람을 일으키는 장면'입니다.

여기서 베드로는 이렇게 말합니다.

> 은과 금은 내게 없거니와 내게 있는 이것을 네게 주노니 나사렛 예수 그리스도의 이름으로 일어나 걸으라 하고 (행 3:6).

이 구절은 베드로의 신앙고백이 담겨있는 것으로, 예수님을 처음 만나 그물이 찢어지게 잡았던 고기를 놓아두고 예수님을 따라갔던 베드로다운 고백입니다. 은과 금보다 예수의 이름이 능력이 있음을 선포했고, 그러니 일어나 걸으라고 말하고 있습니다. 아픈 자가 일어남으로 예수 이름의 능력이 드러나는 장면입니다.

이 외에도 성경의 많은 장면에서 아픈 자들은 예수를 만나거나, 예수의 이름으로 일어나는 경험을 합니다. 우리가 예배에서 일어나는 이유도 그렇습니다. 예수를 믿고 새로운 삶, 새로운 생명을 얻었으니 예배 가운데 일어남으로 우리의 신앙을 고백하는 것입니다. 예배 시간의 모든 순서에서는 아니지만, 특별히 몇 군데에서 일어나는 것은, 우리가 구원받은 사람이라는 고백을 하나님께 올려드리는 일입니다.

때로는 일어나는 게 번거롭고 불편하게 느껴져서 싫을 때도 있고, 일어서 있는 것이 큰 의미가 있다고 생각되지 않을 때가 많습니다. 그러나 앞서 살펴본 대로 우리는 예배에서 관객이 아니라 하나님 앞에 선 배우이자 예배자입니다. 앉아서 구경하듯 임할 수는 없는 것입니다.

우리가 예배 가운데 우리의 신앙을 고백하는 것은 선택이 아니라 필수입니다. 이유를 알면 의미가 생기고, 의미가 생기면 우리가 하는 행동에 감회가 새로울 것입니다.

오늘도 우리에게 새로운 생명을 주신, 기적을 허락하실 하나님 앞에 일어나서 나아갑시다.

제22강

성령강림절이 뭔가요?

사도행전 2장을 읽어 보면 예수님을 믿는 120명의 사람이 모여 함께 기도하는 장면이 나옵니다. 그곳에는 각자 다른 언어를 사용하는 사람들이 모여 있었습니다. 오늘날 우리로 따지면 영어, 중국어, 한국어, 일본어 등등 각기 다른 언어를 사용하지만, 예수님을 믿는 사람들이 함께 모여 기도하는 것입니다. 그들이 모여 기도하고 있었던 까닭은 간단합니다. 예수님이 성령을 보내 주신다고 하셨기 때문입니다.

그래서 예수님이 부활하신 후 50일이 지난날 마가라는 사람의 다락방에 모여 함께 기도하고 있었던 것입니다. 그런데 거기에 성령이 '불의 혀'같이 임하셨고, 각자 다른 말을 하던 사람들은 서로 알아들을 수 있는 같은 말을 하기 시작했습니다. 쉽게 말하면 성령님이 역사하셔서 변화시키신 것입니다. 성령님이 역사하시면 변화가 일어납니다.

지금도 성령님은 우리와 함께하십니다. 그래서 우리 삶에 변화가 찾아옵니다. 자기의 뜻대로, 내가 원하는 대로 살던 사람이 성령님의 인도를 따라 사는 사람으로 변화됩니다. 성령강림절은 성령님이 지금도 함께하심을 기억하며 성령님 인도 따라 살기를 다시 한번 다짐하는 날입니다.

성경에 나오는 성령의 역사가 결코 우리의 삶과 별개의 일이 아니며, 오늘날 내 삶에 일어나는 역사임을 고백하는 날입니다. 우리의 삶을 인도하시고, 우리를 보호하시고 가르치시는 성령님의 역사가 충만한 예배 그리고 한 주간이 되기를 바랍니다.

제23강

예배, 2G를 기억해!

예배를 나타내는 많은 표현 중 소개하고 싶은 것은 '그레이스 앤 그래티튜드'(Grace & Gratitude)입니다. '은혜와 감사'라는 뜻인데, 예배가 하나님의 은혜에서 출발하고 인간은 감사로 응답한다는 의미를 지닙니다.[12]

조금 다르게 표현하자면, 예배는 하나님의 은혜에서 끝나는 것이 아니라 시작하는 것입니다. 인간이 그 은혜에 감사로 반응할 때 예배가 되는 것입니다.

그런데 우리는 많은 경우 오해하고 착각합니다. 하나님의 은혜만 있으면 우리의 반응은 없어도 괜찮은 것처럼 생각합니다. 그런데 우리가 모두 알고 있는 것처럼, 예배는 하나님이 드리시는 게 아니라 받으시는 것입니다. 하나님은 예배의 대상이지 예배의 주체가 아니라는 뜻입니다. 결

---

[12] 신형섭, 『예배갱신의 사각지대: 교회학교 예배』 (서울: 장로회신학대학교기독교교육연구원, 2014), 42.

국, 예배드리는 것은 감사로 응답하는 우리입니다. 우리가 하나님 은혜에 응답하지 않으면 그것은 예배가 아닙니다.

우리의 예배에 하나님을 향한 감사의 반응이 가득해야 합니다. 그냥 하나님에 대한 설명을 듣는 것으로 끝날 수 없고, 찬양하는 사람을 구경하는 것으로 끝날 수 없습니다.

또한, 하나님께 올바르게 반응하는 사람은 스마트폰님(?)의 부르심보다 예배 가운데 주시는 하나님의 은혜에 집중하게 되지 않을까요?

하나님 은혜 앞에 감사로 반응하고 계시는가요?

예배 가운데 혹시 구경만 하고 계시지는 않았나요?

하나님 은혜 앞에 최고의 감사로 반응하는 오늘의 예배 또 한 주간이 되시기를 바랍니다.

제24강

재미있는 예배, 어디 없나요?

자녀의 신앙문제로 상담을 오시는 부모님들이 있습니다. 부모님은 교회에 잘 나오지만, 자녀가 교회에 나오지 않아 고민하는 분들과 이야기를 나누면 가끔 듣게 되는 말들이 있습니다.

'아이가 적응하기 어려운 예배'라거나, '전에 다니던 교회에서는 이러이러하게 예배했는데 그때는 잘했다'라는가 하면, '아이가 예배를 재미없어한다'라거나 '자녀가 무엇을 잘하니 예배 시간에 그것을 할 수 있게 해달라'라는 등 여러 가지 이유와 요구사항이 있습니다. 예배드리는 사람의 문제가 아니라 예배의 문제를 지적하는 경우가 많습니다.

그렇습니다. 아무리 인간이 예배를 준비하고 열심히 했을지라도 모두가 만족하는 예배를 준비하기는 어렵습니다. 사실 그것은 불가능하며, 그럴 필요도 없습니다. 예배는 모든 사람이 아니라 하나님 한 분만 만족하시게 하는 일이기 때문입니다.

예배가 재미없는 이유는 무엇일까요?

대형 놀이동산에 갔는데 놀이기구도 타지 않고 벤치에 그냥 앉아서 아무것도 안 하고 있으면 어떨까요?

우리는 지하철을 타거나 버스를 타고 가는 그 시간도 심심해서 스마트폰을 만지거나 책을 보기도 합니다. 원래 인간은 아무것도 안 하고 가만히 있으면 몹시 따분해합니다. 재미가 없는 거죠. 재미가 없는 이유는 우리가 가만히 있기 때문입니다.

재미있는 예배는 있습니다. 하나님 앞에 적극적으로 반응하여 하나님이 만족하시는 예배를 드리면 예배하는 사람들은 거기서 재미를, 다른 말로 기쁨을 느낍니다. 예배 구경꾼에게 예배가 재미있을 수 없습니다. 예배는 예배자에게만 재미있습니다. 부디 예배 구경꾼 말고 예배자가 되는 오늘의 예배 되기를 바랍니다.

제25강

예배에서 소금 만들기

소금 만드는 과정을 간단하게 정리하면 다음과 같습니다.

첫째, 염전에 바닷물을 모은다.
둘째, 햇빛과 바람을 이용하여 바닷물을 증발시킨다.
셋째, 소금을 모은다.

너무도 간단하게 소금이 만들어지는 것처럼 보이지만, 사실은 소금을 만들기까지 여러 가지가 필요합니다. 우선 바닷물을 염전에 모으기 위해서는 펌프 시설을 갖추어 물을 끌어들일 수 있어야 합니다. 그리고 물을 모아두는 염전이 필요한데, 염전에는 지속적인 햇빛과 바람이 필요합니다.

여기서 무엇 하나 없어도 안 되고 무엇 하나만 너무 특별해도 안 됩니다. 무엇 하나 부족해도 안 되는 것은 당연하며 이 중 어느 하나라도 없으면 소금은 생산되지 않습니다.

소금이 만들어지는 과정을 보니 예수님이 우리에게 왜 세상의 소금이 되라고 하셨는지 조금 알 것 같습니다. 이 과정은 교회가 세워지는 과정과 비슷합니다. 사람들이라는 바닷물이 모이기 위해 염전 같은 시설을 갖춥니다. 그리고 사람들에게 햇빛 같은 하나님의 은혜가 임하고 성령의 바람이 지속해서 불어 마침내 소금으로 다시 태어납니다.

앞서도 말했지만, 소금이 만들어지는 과정에는 모든 것이 다 중요합니다. 지금 우리에게 주어진 시설과 장비는 충분합니다. 여러분이 동의하지 않으실지 몰라도 교회는 건물이 아니기에 대단하지 않아도 공동체가 함께 모일 수 있는 공간만 있다면 그것으로 바닷물을 받아들일 준비는 끝난 겁니다. 나머지는 보너스일 뿐, 그것이면 충분합니다.

오히려 진짜 필요한 것은 햇빛과 바람의 지속적인 공급입니다. 우리에게 햇빛 같은 하나님의 은혜와 성령의 바람을 맞이하는 과정이 바로 '예배'입니다. 예배 가운데 하나님의 은혜가 임하며 성령의 바람은 불어옵니다. 바닷물처럼 정제되지 않은 우리는 지속적인 예배를 통해 소금이 되어 갈 것입니다. 그리고 예수님이 말씀하신 것처럼 세상에서 소금의 역할을 감당하며 세상을 바꾸는 일에 쓰임 받을 것입니다.

예배합시다.

그리고 우리를 소금으로 만드시는 하나님께 감사합시다.

제26강

예배에 도전하기!!

롯데월드에 처음 갔을 때는 바이킹 한 번 타는 것도 너무나 무섭고 어려운 일이었습니다. 내려갈 때 배꼽 빠질 것 같은 느낌이 힘들고 무섭기도 했고, '떨어지면 어떻게 하나?' 몹시 두렵기도 했습니다.

그러다 중학교 1학년 때, 개교기념일을 맞이하여 롯데월드에 갔는데 정말 거짓말처럼 아무도 없었습니다. 우리 10명 말고 다른 사람이 몇 명인지 셀 수 있을 정도로 사람이 없었습니다. 그날 아무 줄도 없는 롯데월드에서 바이킹을 연속으로 7번 탔습니다. 그날 이후로 저는 국내에 무서운 놀이기구가 하나도 없습니다.

예배 시간에 자리에서 일어나고, 입을 열어서 찬양하고, 가끔은 율동도 하고 뛰기도 하고, 눈 감고 기도하고, 침묵 가운데 있기도 하고, 예배 안에서 어떤 일을 맡기도 합니다. 가장 어려운 것은 '처음'입니다. 두렵고 떨리고 무섭기도 하고 창피하기도 해서 처음에는 어렵지만 한 번만 해 보면 두 번은 조금 더 쉬워지고, 몇 번 더 해 보면 너무나 편하고 일상적인 일처럼 변해있을 것입니다.

예배에 도전합시다.

처음에는 힘들고 어렵지만, 예배에 적극적으로 참여해 보면 달라질 것을 확신합니다. 나도 변할 것이고, 그동안 지루하고 힘들었던 예배가 완전히 다르게 느껴질지도 모릅니다. 하나님은 믿음으로 도전하기를 기다리십니다. 바로 오늘이 시작하는 예배가 되기를 바랍니다.

제27강

좁은 문을 지나는 예배

마태복음 7:13-14 말씀을 같이 읽어 보겠습니다.

좁은 문으로 들어가라 멸망으로 인도하는 문은 크고 그 길이 넓어 그리로 들어가는 자가 많고 생명으로 인도하는 문은 좁고 길이 협착하여 찾는 자가 적음이라(마 7:13-14).

여기서 '좁다'라는 의미가 얼마나 좁은 건지 알 수 없지만 아주 극단적으로, 몸을 옆으로 돌려 숨을 참고 배를 쏙 집어넣어야 지나갈 수 있는 문이라고 해봅시다. 그리고 넓은 문은 차가 지나가도 여유 있을 만큼 넓은 문이라고 해봅시다.

생각만 해도 숨 막히는 좁은 문보다는 당연히 넓은 문으로 가고 싶지 않을까요?

좁은 문을 선택하면 죽을 것 같은 생각까지 들 수도 있으니 말이죠.

그러나 좁은 문은 결코 죽는 문이 아닙니다. 앞의 말씀에서도 보면 넓은 문은 많은 사람이 들어가고 좁은 문은 찾는 자가 적다고 했습니다. 사실 넓은 문은 문이 넓어서 지나가는 사람이 많아, 좁은 문보다 더 좁고 불편할 가능성이 큽니다.

사람이 가득 찬 강당 중앙에서 화장실 가는 경우를 떠올려봅시다. 좁은 문은 좁긴 하지만 지나가는 사람이 적으니 오히려 쾌적하고 그 문 끝에 무엇이 있는지 잘 보이기도 할 겁니다. 좁은 문을 선택하는 게 여러모로 이득이죠. 예수님 말씀이기도 하거니와, 이곳으로 지나가는 사람도 별로 없으니 망설일 게 없습니다.

오늘 우리에게 주어진 좁은 문은 바로 예배입니다. 예배에 오는 것 자체가 쉬운 일이 아닙니다. 전염병이라도 도는 날에는 모이는 것만으로도 은혜입니다. 우리가 여기 와서 함께 모이기까지 기도한 사람들, 친구들, 가족들이 있었을 것입니다. 그리고 넓은 길로 가자고 유혹하는 생각과 목소리도 대단히 컸을 것입니다. 특별히 중·고등학생에게 시험 기간 같은 중요한 일들이 있을 때는 이 문이 더 좁아 보일 것입니다.

그때도 좁은 문을 선택합시다.

거기에 생명이 있습니다. 거기에 예수님이 계시고, 세상 어떤 것보다 높으신 그분이 우리 인생을 인도하실 것입니다. 시험을 포기하는 것이 아니라, 좁은 문을 지나 예수님과 함께 시험 보는 것입니다. 그분이 우리 삶의 목표이시니까요.

오늘 주어진 좁은 문, 예배에 최선을 다합시다.

이 문을 통과한 후 내일도 좁은 문, 모레도 좁은 문을 지나며 살 수 있으면 좋겠습니다.

제28강

하나님 나라 체험관!

 진로나 직업에 대해 미리 체험해 보고 경험할 수 있는 직업 체험관이 꽤 많습니다. 소방관, 아나운서 등 많은 직업을 직·간접적으로 경험하고 훗날 진로를 선택하는 데 도움을 주기 위함입니다.

 하나님 나라, 마태복음에서 천국이라고 부르는 이곳은 너무나 좋은 곳인 줄은 알겠는데 구체적으로 어떤 곳인지 알기는 어려워 보입니다.

 그래서 하나님이 어떻게 하면 우리가 사는 이 땅에서도 하나님 나라(천국)를 경험할 수 있게 해 줄까 하다가 '하나님 나라 체험관'을 만드셨습니다. 그곳이 바로 '교회'입니다. 특별히 하나님은 교회에서 드리는 '예배' 가운데 우리가 천국을 맛보기를 원하십니다.

 어떻게 해야 예배 시간이 천국이 될까요?

 성경에 나오는 하나님 나라에서 가장 핵심적인 개념은 '통치'입니다. 하나님이 왕인 곳을 하나님 나라, 마태복음에서는 천국이라고 부릅니다. 우리가 예배 가운데 하나님 나라를 체험하기 위해서는 하나님이 그 예배의 통치자가 되셔야 합니다. 그 예배를 다스리시는 분이 하나님이셔야 합니다.

그런데 하나님은 통치자이지 독재자가 아니셔서 우리의 선택을 존중하십니다. 하나님은 체험관을 만들어 놓으셨지만, 강제로 체험하게 하지는 않으십니다. 우리가 하나님 나라를 체험할 수 있는 환경과 여건을 만들어 주시되 결국 선택은 우리가 해야 합니다.

하나님 나라 체험하기를 선택하시겠습니까?

그렇다면 어떻게 하는 게 좋을까요?

직업체험관에 갔는데 남들 하는 것만 구경하고 참여하지 않는다면 어떨까요?

구경하는 것만으로도 간접 체험은 될지 모르지만, 그 일이 나에게 어떤 의미가 있는지를 다 알기는 어려울 겁니다. 당연히 별로 재미도 없을 겁니다.

예배도 비슷합니다. 아무리 좋은 것을 준비하고 재미있는 것을 가져다 놓아도 아무것도 하지 않으면 재미없고 지루할 뿐, 천국은커녕 아무런 경험도 하기 어렵습니다. 예배 안에서 작은 것이라도 우리가 할 수 있는 것들을 하기 시작할 때 비로소 왜 교회가 천국의 모형인지 깨달을 수 있을 겁니다.

찬양팀이나 찬양대같이 남들 앞에 서는 자리도 있지만, 방송팀도 있을 것이고, 예배당 불을 켜는 사람, 청소하는 사람도 있습니다. 우리가 하고자 한다면 할 수 있는 일은 얼마든지 있을 겁니다. 하나님이 다스리시는 가운데 우리가 각자 할 수 있는 것들로 예배를 섬기고 세워나갈 때 예배 가운데 하나님 나라를 경험할 수 있습니다.

그리고 그 경험이 쌓이고 성장하여 교회 안에서 우리끼리만 누리던 하나님 나라를 온 민족과 온 인류가 경험할 수 있도록 전하고 보여 주는 것이 우리가 할 일입니다. 오늘 예배 가운데 하나님이 다스리시는 하나님 나라를 경험할 수 있기를 바랍니다.

제29강

왜 굳이 모여서 예배하나요?

유튜브가 등장하면서 '영상'이라는 것이 우리와 너무나 친숙해졌습니다. 이제는 유튜브를 통해 무엇이든 배울 수 있고, 원한다면 유튜브를 통해 유명하고 좋은 분들의 설교를 마음껏 들을 수도 있습니다. 그래서 사람들은 집에서 그냥 유튜브로 설교 영상으로 말씀 들으며 예배드리면 되는데 뭐 하러 교회에 꼭 가야 하는지 묻기도 합니다. 심지어 유튜브는 라이브도 꽤 좋은 질로 가능합니다.

요즘 같은 시대에 귀찮게 교회에 가지 않고도 충분히 예배드릴 수 있는데 꼭 그래야 하는지 궁금하지 않으신가요?

물론 상황에 따라 다를 수 있고, 반드시 모여야만 예배가 가능한 것도 아닙니다. 온라인에서도 하나님은 역사하실 수 있고, 영상으로 예배드린다고 해서 하나님이 임하시지 않는 것도 아니기 때문입니다. 전염병 같은 피치 못할 상황에는 그럴 수 있지만, 그럼에도 우리가 모이기에 힘써야 하는 이유가 있습니다. 그것은 바로 '공동체'입니다.

세상은 '혼술', '혼밥', '혼영', '혼코노'를 말하며 무엇이든 혼자 하는 것이 친숙하게 느껴지게 합니다. 누군가와 함께하기보다는 혼자 하는 것이 익숙해져 갑니다. 물론 온라인이나 영상으로 드리는 예배가 무조건 공동체성이 없다고 하기에는 채팅도 가능하고 어느 정도 소통이 가능합니다만, 혼자 자리에 앉아서 컴퓨터 화면이나 스마트폰 화면을 보며 드리는 예배는 어쩌면 '혼예'로 변할 우려가 커 보입니다.

하나님은 교회를 부르실 때 한 사람만 부르시지 않았습니다. 하나님은 교회를 하나의 '모임'으로 부르셨습니다. 신약성경에서 교회를 지칭하는 헬라어 '에클레시아'가 '사람들의 모임'이라는 것만 봐도 충분히 증명되는 바입니다.

함께 모여 하나님을 기쁘시게 하는 공동체, 예수님이 머리가 되고 우리는 몸이 되어 예수님을 따르는 공동체, 하나님은 교회를 그런 공동체로 부르셨습니다. 하나님은 예배자를 찾고 계시며, 영과 진리로 예배하기 원하십니다(요 4:23-24). 또한, 우리 교회의 모범인 초대교회 성도들은 모이기에 힘쓰는 공동체였습니다(행 2:46).

물론 교회는 예배 공동체일 뿐만 아니라 선교 공동체, 교육 공동체 등 많은 의미를 지닙니다. 하지만 선교의 마지막은 하나님을 예배하게 하는 것이며, 교육의 목적도 예배하는 삶으로의 변화입니다. 그래서 교회는 무엇보다 예배 공동체가 되어야 합니다.

세상이 '혼자'를 말할 때 교회는 '공동체'를 말합니다. 어쩌면 우리에게 주신 이 예배 공동체가 세상에 줄 수 있는 큰 선물일지도 모릅니다. 혼자 무엇이든 하지만 외로운 이 시대에 공동체가 함께 하나님을 예배하며 하나님이 주시는 기쁨과 만족을 함께 누릴 때, 세상을 이기는 능력도 나올 줄 믿습니다.

모여서 예배하고 그 힘으로 또 세상에 나가 하나의 멋진 교회로 예배하며 살아가기를 바랍니다. 하나님 안에 하나 되어 세상을 이겨내는 멋진 '예배 공동체'가 되기를 바랍니다.

제30강

좋은 예배가 좋은 땅을 만든다

예수님은 네 종류의 땅을 소개하시면서 하나님 나라의 비밀을 공개하셨습니다. 네 종류의 땅에 씨앗이 심어졌는데, 그 결과는 전부 달랐습니다.

첫 번째는 길가입니다.
땅이 단단해서 씨앗이 뿌리를 내리지 못했습니다. 게다가 너무 노출되어 있어 새들이 먹어버렸습니다.

두 번째는 돌밭입니다.
흙이 있어 뿌리를 내릴 수는 있었지만, 돌이 많아 깊이 뿌리 내리지 못해 금세 말라버렸습니다.

세 번째는 가시가 많은 땅입니다.
흙도 있고 뿌리도 내릴 수 있어서 성장이 가능했지만, 옆에 있는 가시들이 계속 찌르는 통에 씨앗은 결국 죽고 맙니다.

네 번째는 좋은 땅입니다.

여기 심어진 씨앗은 30배, 60배, 100배의 결실을 보았습니다.

이 씨앗의 비유는 우리의 신앙이 성장하는 과정과 비슷합니다. 땅은 우리의 마음 밭이고, 씨앗은 하나님의 말씀입니다. 우리 마음 밭에 하나님의 말씀이 뿌리도 내리지 못하던 신앙에서 뿌리만 겨우 내리는 신앙으로 성장합니다. 그러다 자라기는 하지만 '고난 가운데 무너지는 신앙'에서 '어떤 여건에도 성장하는 신앙'으로 발전합니다. 그리고 결국 우리는 좋은 신앙 가운데 하나님의 말씀이 심어지는 대로 열매를 맺는 멋진 그리스도인이 될 것입니다.

우리의 신앙은 마땅히 성장해야 하지만 이 성장은 가만히 있으면 이루어지지 않습니다. 밭이 좋아지려면 길처럼 딱딱한 마음에 물이라도 적셔 부드럽게 만들어야 할 것이고, 돌을 치우는 노력도 해야 하며, 가시나무를 걷어내는 노력도 필요합니다. 그냥 있어서는 결코 좋은 밭이 될 수 없습니다.

이런 일이 일어나는 가장 핵심적인 과정이 바로 예배입니다. 예배는 하나님 말씀이라는 씨앗이 심어지는 시간입니다. 가끔은 땅이 뒤집히는 경험을 하기도 하며, 찬양과 기도 가운데 눈물로 비를 뿌리기도 합니다.

이 모든 일을 각각 경험할 수도 있지만, 동시에 경험할 수 있는 가장 좋은 시간은 바로 예배입니다. 예배드린다고 해서 곧바로 신앙이 성장하는 것은 아니지만, 분명 예배 안에는 우리의 신앙이 성장할 수 있는 많은 요소가 있습니다.

 오늘도 예배합시다.

 좋은 예배 가운데 하나님이 우리를 좋은 땅으로 만들어 가실 줄 믿습니다.

제31강

완전히 다른 것으로 변하는 자리!

구약의 제사부터 신약에 나오는 초대교회에 이르기까지 모임은 언제나 먹는 것과 연결되어 있었습니다. 이 점은 예수님도 예외는 아니었습니다. 예수님이 처음 당하셨던 시험이 돌을 떡으로 만드는 것이었으며, 첫 번째로 이루신 기적은 물을 포도주로 바꾸는 것이었습니다.

그런데 포도주를 만드는 과정에 물이 필요하지 않다는 사실을 알고 계신가요?

물이 잘 나지 않는 중동에서 사람들이 포도주를 물처럼 마신 까닭은, 포도주를 만드는 과정에 물이 필요하지 않기 때문입니다. 포도에서 나오는 액체만으로 포도주를 만드는 것입니다. 그러니까 물과 포도주는 액체라는 것 외에는 아무 상관이 없습니다.

여기서 또 놀라운 것은 그 양입니다. 예수님이 물을 채우라 하셨던 돌 항아리가 6개인데 한 항아리가 약 38리터(ℓ)이므로, 6개면 총 228리터입니다. 무게만 해도 어마어마했을 겁니다. 그런데 예수님은 아무 관계도 없는 물을 가지고 무려 228ℓ의 새로운 포도주를 만들어 내셨습니다.

이 이야기가 우리에게 주는 메시지는 명확합니다. 예수님은 우리를 완전히 다른 것으로 변화시키십니다. 이 변화는 내 삶의 일부 혹은 어느 한 부분이 아니라 엄청난 분량으로 우리 모든 삶을 변화시킵니다.

그런 일이 발생하는 시간이 바로 예배입니다. 우리 삶의 모든 순간에 예수님이 함께하시고, 언제든 예수님을 만날 수 있습니다.

예수님이 물을 포도주로 바꾸신 사건은 결혼식장에서 일어난 것으로 공개적인 잔치 자리였으며, 많은 사람이 함께 모여 있는 자리였습니다. 물이 포도주로 변한 것을 한두 사람이 본 게 아니라 그 잔치에 참여한 모두가 목격하고 그 일에 증인이 되었습니다. 우리의 변화는 어디서나 일어날 수 있지만, 물 같은 우리를 진한 포도주로 바꾸기 위해 하나님이 주신 공식적인 잔치 자리가 예배입니다. 공동체가 함께 모여 예배하는 가운데 우리는 변화를 경험하며, 서로가 서로에게 변화의 증인이 될 수 있습니다.

오늘 우리에게 그런 일이 일어나기를 바랍니다. 예배 가운데 내 삶의 어느 한구석 한 면의 변화가 아닌 삶 전체의 변화를 경험할 수 있기를 바랍니다. 그리고 서로 변화를 응원하고 증언하며 살아낼 수 있기를 소망합니다.

제32강

포기하지 않는 예배자

앞서 쭉 읽어온 대로, 우리는 하나님을 예배하는 예배자이며 예배 가운데 관객이 아닌 배우입니다. 예배 구경꾼이 아니라 예배자로 예배에 적극적으로 참여할 때 그 역사를 체험할 수 있다고 강조해 왔습니다.

그런데 문제가 있습니다. 참여하고 열심히 임하면 우리의 신앙 여정이 순항할 것이라고 생각할 수 있는데 성경은 그렇게 이야기하지 않습니다. 갈라디아서 6:9에는 다음과 같은 말씀이 나옵니다.

> 우리가 선을 행하되 낙심하지 말지니 포기하지 아니하면 때가 이르매 거두리라(갈 6:9).

여기서 선을 행한다는 것은 착한 일을 한다는 것인데 윤리의 기준이 아니라 진리의 기준에서 착한 일, 즉 하나님이 기뻐하시는 일을 뜻합니다.

그런데 이 말씀에서 주목해야 할 부분은 '낙심하지 말라'는 것입니다. 우리가 선을 행하다가 낙심할 일이 생기더라도 포기하지 말라는 것입니다. 이는 하나님의 일을 하면 포기하고 싶은 일, 낙심할 일이 생긴다는 뜻이기도 합니다. 예배를 위해 어떤 일을 하겠다고 다짐하고 시작하면 반드시 문제가 생깁니다. 사탄이라는 존재는 우리가 예배자가 되는 것을 원치 않으며 그것을 방해하기 때문입니다. 예배를 위해 시간을 투자하고 예배를 섬기기 시작하면 분명 은혜를 경험하고 우리도 성장하지만, 문제나 어려움이 반드시 찾아옵니다.

그때 그 어려움을 견뎌낼 수 있는 힘은 우리의 의지나 생각이 아니라 하나님의 약속입니다. 앞서 말씀에서 포기하지 않으면 때가 이르렀을 때 이루어 주신다고 하셨습니다. 우리가 하나님 일을 할 때 하나님은 어려움을 없애 주시는 것이 아니라 어려움 가운데 견딜 힘을 주신다는 말입니다.

우리가 예배드리다 보면, 또 예배를 위해 무엇인가 하다 보면 어려움은 반드시 찾아올 것입니다. 누군가는 오늘 예배에 참여하는 것도 힘들 만큼 문제가 있을지도 모릅니다.

그러나 여러분, 기억하고 예배합시다.

포기하지 않으면 그분이 이루십니다. 우리가 포기하지 않고 선을 행하면 그것으로 충분합니다. 오늘도 포기하지 않고 예배함으로 직접 이루어 가시는 하나님의 역사를 경험할 수 있기 바랍니다.

제33강

믿음의 질주

'분노의 질주'라는 시리즈 영화가 있습니다. 운전 잘하는 사람들이 좋은 차를 타고 나와서 싸우는 장면으로 가득한데, 보는 사람이 시간 가는 줄 모르고 보게 되는 영화입니다. 그런데 정작 출연한 배우들이 실제로 사고를 경험할 정도로 위험하고 힘들었다고 합니다. 영화 내용 자체도 쉬운 일이 하나도 없어 보입니다.

빌립보서 3:14에는 이런 말씀이 나옵니다.

> 푯대를 향하여 그리스도 예수 안에서 하나님이 위에서 부르신 부름의 상을 위하여 달려가노라(빌 3:14).

이 말씀은 하나님의 부르심 따라 살아가는 삶을 '달리기'로 표현하고 있습니다. 여러분은 어떠실지 모르겠지만 경주나 달리기를 생각해 보면 '편하다'는 생각은 좀처럼 들지 않습니다. 오히려 뭔가 빠르게 지나간다는 느낌이 강합니다. 신앙생활을 걷기로 표현하지 않은 것은 신앙생활이 달리기처럼 쉽지 않기 때문인지도 모르겠습니다.

신앙생활은 생각보다 치열합니다. 방해하는 존재가 있기 때문입니다. 은혜받고 교회에서 뭐 좀 해보려고 하면 꼭 방해가 찾아와서 마음에 상처를 받거나 누군가의 안 좋은 모습을 본다거나 스스로 자괴감에 빠진다거나 하는 경우가 많습니다. 그리고 인간은 사랑의 대상이지 믿음의 대상이 아니기에 변함없이 우리를 실망하게 합니다.

더 놀라운 것은 이 방식, 이 패턴은 아담과 하와 이후부터 지금까지 변함없이 동일하다는 것입니다. 여전히 우리는 예수의 이름 외에는 이것을 이겨낼 힘이 없습니다.

그런데 '분노의 질주'는 언제나 해피엔딩으로 끝납니다. 힘겹게 달리고 힘겹게 싸웠지만 말이죠. 그 과정에서 달리는 자동차들은 수없이 많은 기름을 사용하여 에너지를 냈을 겁니다.

이런 점에서 우리가 달려가는 삶 가운데 주어진 예배는 참 중요합니다. 교회에 와서 앉아 있다고 해서 우리 삶에 변화가 일어나지 않습니다. 성경책을 오래 펴고 있다고 해서 시험을 이겨낼 힘이 생기는 것도 아닙니다.

예배 가운데 하나님은 우리가 달려갈 수 있는 에너지를 공급하십니다. 찬양 가운데, 기도 가운데 그리고 말씀 가운데 또 다른 수많은 순서를 통해 이길 힘을 주십니다.

아무리 운전을 잘해도 기름 없이 차가 갈 수 없습니다. 아무리 세상에서 훌륭한 사람이라 할지라도 하나님이 주시는 연료를 채우지 않고는 달려갈 힘을 내기 어려울 것입니다.

신앙생활은 믿음의 질주입니다. 예배를 통해 채우고 또 채워 성령의 기름으로 평생 승리하며 달리는 우리가 되기를 소망합니다.

제34강

뭐가 더 중요한가요?

누가복음 13장에는 귀신 들려서 18년 동안 몸을 한 번도 펴보지 못한 여자가 등장합니다. 무려 18년 동안 굳어진 몸을 예수님은 한 번에 고치십니다. 그런데 그 고치신 날이 문제가 됩니다. 유대인이 아무것도 해서는 안 되는 안식일에 예수님은 그 여자의 병을 고치신 것입니다.

예수님이 안식일에 병을 고친 것을 보고 유대인들은 비난했습니다. 안식일에 일했다는 것이 그 이유였습니다. 예수님은 그들에게 안식일에 소나 나귀를 끌고 가서 물을 먹이는 것은 안식일에 해도 되고 병 고치는 것은 안 된다는 것이 맞는지 되물으십니다. 예수님은 이 장면을 통해 사람 살리는 데는 시간이나 때가 중요한 것이 아니라고 말씀하십니다.

안식일에 병을 고쳐도 되냐 안 되냐가 중요한 게 아니라 왜 고쳤는지가 중요한 것입니다. 안식일이었지만 예수님은 한 영혼을 살리는 일을 귀하게 여기셨고 그것을 당연시하셨습니다. 우리가 특정한 행동을 언제 했는지가 중요한 게 아니라 왜 했는지가 더 중요합니다.

우리는 삶의 모든 순간을 하나님을 위해 살아야 합니다. 월요일이냐 금요일이냐가 우리 일상 가운데 너무나 중요하지만, 더 중요한 것은 왜 하고 있는지 끊임없이 성찰하는 것입니다. 우리가 하는 일들을 통해 하나님은 18년 동안 귀신들린 여자 같은 세상의 많은 사람을 치유하기 원하십니다.

오늘 예배 가운데 삶의 목적과 이유를 회복합시다.

그리고 한 주간 동안 업무를 예배처럼, 사업을 사역처럼 할 수 있기를 바랍니다. 언제 어떤 때이든 하나님 일하실 수 있도록 준비된 삶의 예배자가 될 수 있기를 바랍니다.

제35강

가치를 올려드립니다

주인으로부터 밭을 빌려 농사짓던 사람이 어느 날 땅을 파다가 땅속에 있는 보물을 발견했습니다. 보물을 가져갈 방법을 고민하던 그는 전 재산을 다 털어서라도 그 땅을 사야겠다고 마음먹습니다. 결국, 전 재산을 다 털어 그 땅을 샀고, 보물이 있다는 사실을 모르는 주인은 그 땅을 팔았습니다.

보물을 발견한 사람은 전 재산을 터는 것이 어려운 일이 아니라 당연한 일이었습니다. 그 땅의 가치가 아니라 감추어져 있는 보물의 가치를 알았기 때문에 전 재산이 아까울 이유가 없었던 것입니다. 그러나 보물이 있다는 사실을 모르는 사람은 전 재산을 털어서 땅을 사는 사람을 이해하기 어려웠을 것입니다.

이 비유는 하나님 나라의 비밀을 가지고 있습니다. 그리고 우리가 드리는 예배를 이해하는 데도 큰 유익을 줍니다.

앞서 나눈 것처럼 영어로 예배를 나타내는 '워십'(worship)은 'weprth'(worth, 가치)와 'scipe'(ship, 신분)의 합성어입니다다. '존경과 존귀를 받을 만한 가치가 있는 존재'라는 뜻이며, 예배는 하나님이 어떤 분이신지 인정하고 '그에 합당한 존경과 영광을 돌리는 것'이라 할 수 있습니다.[13]

우리는 하나님 나라의 비밀을 아는 사람들입니다. 밭에 숨겨져 있던 보물 같은 이 사실을 알고 믿는 우리에게, 가치 있는 것을 하나님께 올려드리는 것은 당연합니다. 그리고 그것을 우리는 예배라고 부릅니다. 이 비밀을 모르는 사람들은 이해하기 어렵습니다. 왜 시간을 사용하고, 왜 우리의 에너지를 사용해서 하나님 앞에 모이는지 이해하지 못합니다.

그러나 우리는 예배합니다. 하나님 나라의 비밀을 알기에 그곳에 나의 모든 가치를 올려드리는 것이 이상하지 않습니다. 온 세계와 열방이 하나님 나라의 비밀을 알게 되는 그날까지 우리의 가치를 맘껏 올려드리며 예배할 수 있기를 바랍니다.

---

[13] 가스펠서브 편, 『교회용어사전』, 565.

제36강

예배 공동체

 이제는 편의점뿐만 아니라 마트에 가도 1인 가구를 위한 제품을 파는 것이 아주 흔한 일이 되었습니다. 혼자 사는 사람들이 많아지면서 마트의 풍경도 바뀌고 있는 것이죠. 식당에서 혼자 밥 먹는 것이 이상한 일이 아니고, 혼자 영화 보는 것도, 혼자 노래방에 가는 것도 이상하지 않은 시대를 살고 있습니다. 그 가운데 하나님은 우리를 예배로 부르십니다.

 그런데 하나님이 나를 예배의 자리로 부르셨다면 그냥 혼자 드려도 될 텐데 왜 굳이 우리는 모여서 예배드릴까요?

 하나님은 사람을 처음 만드실 때부터 혼자 있는 것을 안타깝게 여기셔서 아담에게서 하와를 만드셨습니다. 성경은 아주 초반부터 가정이라는 공동체를 등장시킵니다. 하나님이 하와를 만드신 이유는 다음과 같습니다.

> 여호와 하나님이 이르시되 사람이 혼자 사는 것이 좋지 아니하니 내가 그를 위하여 돕는 배필을 지으리라 하시니라(창 2:18).

하나님은 인간이 혼자 사는 것을 좋아하지 않으셨고 그래서 가정을 만들어 주셨습니다. 또 바울은 우리가 교회가 되어가는 과정을 다음과 같이 말합니다.

> 너희도 성령 안에서 하나님이 거하실 처소가 되기 위하여 그리스도 예수 안에서 함께 지어져 가느니라(엡 2:22).

하나님은 우리를 한 사람씩 부르셨지만 하나의 교회로 부르시기도 했습니다. 하나님은 개인을 사랑하시지만, 우리가 함께하기를 더욱 원하십니다. 그래서 교회 공동체입니다.

교회 공동체를 여러 가지로 정의할 수 있지만, 예수님 이후 교회가 세워진 다음부터 지금까지 교회가 가장 많이 한 일은 다름 아닌 예배입니다. 시기에 따라 장소에 따라 모양도 방법도 변해오긴 했지만, 결론적으로 교회는 늘 예배하기에 힘쓰던 공동체였습니다. 그래서 오늘은 교회를 '예배 공동체'라고 말하고 싶습니다. 우리는 함께 예배하는 공동체입니다.

최근 섬기는 교회에 단 한 번도 교회에 출석한 적 없는 청년들이 왔습니다. 누가 전도한 것도 아닌데, 교회를 다녀본 적도 없는 사람들이 스스로 교회를 찾아오는 것이 신기했습니다. 새신자 교육도 하고 몇 주간 예배도 잘 나오고 해서 왜 나오게 되었는지 물어봤습니다. 그런데 하나같이 공통적인 답은 '외로움'이었습니다.

세상은 점점 더 이기적으로 변해갑니다. 그래서 외롭습니다. 그래서 교회가 예배 공동체라는 사실은 상당히 의미가 있습니다. 아닌 척하고 살고 있지만 실은 외로움 때문에 힘들어하는 자들에게 하나님 앞에 함께 모여 예배하는 공동체는 위로가 될 수 있습니다. 공동체가 존재한다는 사실과 거기에 속해있다는 사실만으로도 누군가에게는 치유의 도구가 될 수 있습니다.

우리 함께 예배합시다.

함께 예배한다는 사실에 감사하며 오늘도 우리가 함께 드리는 이 예배를 감사함으로 하나님께 올려드립시다.

제37강

성령과 예배

새벽기도도 열심히 하고 나름 하나님과 관계가 좋다고 생각하던 때가 있었습니다. 성령 충만하다고 느끼며 살고 있었습니다. 그러던 어느 날, 평소와 다름없이 주일이 되어 교회에 갔습니다. 그런데 그날따라 교인 중 한 분에게서 대단히 어두운 기운이 느껴졌고, 저는 그분이 교회에 불만이 가득하며 교회를 망치려는 마음이 있음을 직감했습니다.

그때는 성령이 충만하니까 정말 제가 맞다고 생각했습니다. 그리고 이 이야기를 제가 존경하고 지도받던 목사님께 말씀드렸습니다. 저는 이게 말로만 듣던 '투시'의 은사일 것이라 생각했는데 목사님은 저에게 '투시'가 아니라 '투사'라고 말씀해 주셨습니다. 실은 제가 그분을 싫어하는 마음이 가득해서 그렇게 느껴지고 보였다는 것입니다. 생각해 보니 성령 충만이 아니라 그냥 그분이 싫었던 겁니다.

예수님을 믿기 시작한 다음부터 시작되는 큰 변화 중 하나는 '성령의 유무'입니다. 예수님을 믿는 모든 사람에게는 성령님이 함께하십니다. 그분은 우리를 보호하시고 은혜를 주시고 가르치십니다. 더 쉽게 말하면 우리와 가장 밀접하게 계시며 우리 삶의 순간순간 함께하십니다.

그런데 혹시 저처럼 성령 충만을 오해하고 계시지는 않았나요?

신비한 능력이 나타난다거나, 하는 일마다 잘 돼야 성령님이 일하신다고 생각하지 않았나요?

그러면 성령님이 우리와 함께 계신지, 내가 성령의 인도를 받고 있는지 어떻게 알 수 있나요?

많은 방법이 있지만, 오늘은 예배 가운데 성령의 임재를 경험할 수 있다는 사실을 알려드리고자 합니다. 이런 경험이 있으실 겁니다. 평소에는 설교 듣는 것이 너무나 힘들고 앉아 있는 것도 어려웠는데 어느 날은 설교 시간이 지루하지 않았던 적, 찬양하는데 뭔가 모르는 기쁨 혹은 감사한 마음이 생겼던 적 등등 … 사소해 보이는 이런 모든 순간이 성령님의 역사입니다. 너무나 답답한 문제, 해결 못 할 고민이 있는데 예배 가운데 답을 주실 때도 성령님이 일하신 것이죠.

예배 가운데 눈물이 나고, 방언이 터지며, 병이 치료되어야만 성령 충만이 아닙니다. 그렇기에 우리는 예배 가운데 작다고 느꼈던 것 가운데서 성령님의 역사와 인도하심을 충분히 맛보고 있었고, 그럴 수 있어야 합니다. 예배 가운데 경험한 성령님은 변함없이 우리 삶 가운데에도 함께하십니다.

오늘도 예배 가운데 성령의 충만을 기대하고 사모합시다.

그리고 그 인도하심 따라 또 한 주간 동안 예배드리듯 업무에 임하고, 사역하듯 사업할 수 있기를 바랍니다.

제38강

은혜 공동체

　너무 당연한 이야기지만 오늘 우리가 예배할 수 있는 것도 하나님의 은혜입니다. 구약시대, 예수님이 오시기 전에는 예배가 아닌 제사를 드려야 했습니다. 제사를 드릴 때마다 동물을 잡아야 했습니다.

　그래서 성경에 나오는 '예루살렘 성전'은 우리가 상상하는 것과는 많이 달랐을 것입니다. 동물 울음소리와 피 냄새가 진동하고, 율법을 어긴 것을 회개하기 위해 성전에 찾아오는 사람들이 가득했을 겁니다. 예수님이 성전에서 장사하는 사람들을 쫓아내신 것도, 성전 근처에서 제물을 사고파는 사람들 때문이었을 겁니다. 결론적으로 희생제물을 하나님께 드리고 죄를 해결하기 위해 지내던 것이 구약의 제사였습니다.

　그런데 우리는 제사가 아닌 예배를 드립니다. 이제는 동물도 잡지 않습니다. 잡지 않는다기보다 잡을 필요가 없어졌습니다. 우리에게 너무나 익숙한 표현인 '하나님의 은혜' 덕분입니다.

히브리서 9:12 말씀입니다.

> 염소와 송아지의 피로 하지 아니하고 오직 자기의 피로 영원한 속죄를 이루사 단번에 성소에 들어가셨느니라 (히 9:12).

염소나 송아지 같은 동물을 잡아 드리는 제사는 한계가 있었지만, 예수님이 십자가에서 돌아가신 사건은 마지막 제사로 우리의 모든 죄를 해결하신 사건입니다. 예수님이 돌아가실 때 휘장이 찢어졌고 성소와 지성소의 구분이 사라졌습니다. 예수님이 온전한 속죄를 이루셨기에 더는 우리가 동물을 잡을 필요가 없습니다.

생각해 보면 교회 올 때 양이나 소를 데려오지 않는 것만으로도 감사한 일입니다. 그런데 예수님이 죄도 해결하셨으니 이것이 얼마나 감사한 일인지 다시 한번 생각해 보게 됩니다. 우리는 죄를 해결 받으러 예배에 나오기도 하지만, 죄를 해결 받은 하나님의 자녀이기에 예배합니다.

따라서 우리가 늘 기억해야 할 것은 죄책감이 아니라 하나님의 은혜입니다. 우리가 죄인 되었던 것을 기억해야 하지만 그 죄를 하나님이 해결해 주셨음을, 아무런 대가 없이 해결해 주신 그 은혜를 기억하고 감사하는 것이 우리가 오늘 드릴 예배의 주요한 목적이 되기를 바랍니다.

마지막으로 한 가지 더 기억해야 할 것은, 오늘도 우리는 혼자가 아니라 '함께'라는 사실입니다. 그 놀라운 하나님의 은혜는 나에게만 임하지 않았습니다. 하나님은 우리를 하나의 교회, 하나의 공동체로 부르셨고 오늘도 함께 예배하게 하셨습니다.

그래서 우리는 은혜 공동체입니다. 예배 가운데 임하시는 하나님의 은혜가 모두에게 가득한 은혜 공동체가 되기를 바랍니다.

제39강

사명 공동체

교회 안에서 많이 이야기하는 단어 가운데 '사명'이라는 말이 있습니다. 한자로는 '하여금 사'(使)에 '목숨 명'(命)을 씁니다. 아주 단순하게 해석하면 '목숨으로 하여금'이라는 뜻인데, '목숨으로 하여금 일하게 하는 것'으로 볼 수 있습니다.

페르시아의 왕비 에스더는 유대인이었습니다. 페르시아 대신 중 한 명이 자신들의 민족을 죽일 음모를 꾸미고 있다는 것을 알고, 민족을 구하기 위해 다음과 같이 결단합니다.

> 나도 나의 시녀와 더불어 이렇게 금식한 후에 규례를 어기고 왕에게 나아가리니 죽으면 죽으리이다 하니라
> (에 4:16 하반절).

결국, 에스더는 죽음을 무릅쓰고 계획대로 왕에게 갑니다. 왕비가 왕에게 나아가는 것이 큰일인가 싶은 생각이 들지만,

당시에는 왕이 먼저 부르지 않았는데 왕을 찾아가는 일은 상당히 위험한 일이었습니다. 왕이 처벌하고자 하면 생명도 잃을 수 있었기 때문입니다. 그래서 에스더의 선택은 죽음을 무릅쓴 선택이었습니다.

에스더는 결국 어떻게 되었을까요?

민족도 구하고 자신의 목숨도 잃지 않습니다. 하나님의 나라를 위해 죽고자 했던 에스더를 하나님은 지키셨고 유대인들도 살리셨습니다.

에스더에게 주어졌던 사명은 우리에게도 주어져 있습니다. 하나님은 우리를 통해 민족을 구하기 원하십니다. 사실 민족뿐만 아니라 세계와 열방을 구하기 원하십니다.

우리가 어떻게 민족과 세계와 열방을 구할 수 있을지 모르겠지만 방법은 생각보다 멀리 있지 않습니다. 지구는 둥글기 때문에 한 바퀴 돌아서 오면 결국 내 앞으로 옵니다. 우리 앞에 오늘 주어진 이 예배를 제대로 드리는 일도 세계와 민족과 열방을 향한 하나님 뜻이 이루어지는 과정임이 틀림없습니다. 지금 내 앞에 주어진 예배라는 사명을 감당할 때 민족과 열방을 구하시는 하나님이 우리를 사용하실 것입니다.

하나님의 사명을 감당하는 공동체로서 예배합시다.

그리고 하나님의 뜻을 생명 다해 이루어 가기를 바랍니다.

제40강

과정의 축복

마태복음에는 달란트 비유가 나옵니다. 주인이 다른 나라로 출장 가면서 세 명의 종에게 5달란트, 2달란트, 1달란트를 맡깁니다. 앞의 두 사람은 달란트를 사용해서 두 배의 성장을 이루었습니다. 그런데 1달란트 받은 종은 그것을 잃을까 두려워 땅에 묻어두었습니다.

달란트를 두 배로 늘린 두 사람은 칭찬을 받았고, 달란트로 아무것도 하지 않은 1달란트 받은 사람에게 주인은 '악하고 게으른 종'이라고 말합니다.

그런데 달란트는 20년 치 월급에 해당하는 금액으로, 1달란트라 할지라도 대단히 큰 금액일 뿐만 아니라 무게나 크기도 엄청났을 것입니다. 그런데 1달란트 받은 사람은 그것을 땅에 묻었습니다. 포크레인으로 땅을 판 것도 아니고, 손수 땅을 파서 묻어놨고 그것을 그대로 주인에게 돌려주었습니다. 진짜 게으른 사람이었다면 그것을 묻지도 못했겠죠.

부지런히 묻어서 그 달란트를 유지했는데 왜 주인은 그를 악하고 게으른 종이라고 불렀을까요?

한 사람은 200년 치 월급을, 한 사람은 80년 치 월급을 모아둔 상황입니다. 엄청난 금액입니다. 그런데 앞의 두 사람은 주인이 돌아왔을 때 고민 없이 주인 앞에 내어놓았습니다. 주인의 것이지만 맡겨 주신 때에는 최선을 다해 사용하고, 주인이 돌아왔을 때 돌려준 것입니다.

그런데 1달란트 받은 사람은 어땠나요?

주인이 돌아왔을 때 욕먹지 않기 위해 묻어두기만 했습니다. 주인의 것이라 인정은 했지만, 맡겨준 것을 사용하지 않았습니다. 주인의 것인데 주인의 뜻대로 사용하지 않았습니다. 문제는 재산을 늘리지 못한 게 아니라 사용하지 않은 것입니다. 그래서 주인의 기준에서 그는 악하고 게으른 종입니다.

세상은 '결과'를 말하지만, 성경은 '과정'을 말한다는 것을 알 수 있습니다. 결론적으로 달란트를 남겼기 때문이 아니라 주인이 맡긴 것을 주인을 위해 사용했기 때문에 칭찬받은 겁니다. 1달란트 받은 자는 남기지 못한 게 문제가 아니라 사용하지 않은 것이 문제입니다.

재산을 맡긴 주인이 엄청난 부자였을 것은 쉽게 추측해 볼 수 있습니다. 1달란트 받은 자가 그것을 사용하다 재산을 날렸다 할지라도 주인은 그것을 탓하지 않았을 것입니다. 주인은 결과를 기대한 것이 아니라 주인의 것을 주인의 뜻대로 사용했는지를 봤기 때문입니다. 우리는 세상이 말하는 결과의 축복이 아닌 '과정의 축복'을 누려야 합니다.

우리는 오늘도 예배합니다. 주인의 것을 주인 뜻대로 사용하는 것, 우리 시간의 주인, 우리 체력의 주인, 우리 열정의 주인이신 하나님 뜻대로 그것들을 사용해야 합니다.

예배는 참석만으로는 성공이 아니며, 그 결과를 우리가 평가할 수 없습니다. 우리는 예배 가운데 하나님의 것을 하나님 뜻대로 사용하는 과정의 축복을 누려야 합니다. 예배 때 실수가 있어도 상관없습니다. 하나님은 우리가 예배를 준비하고 드린 모든 과정을 통해 기뻐하실 것입니다. 우리가 하나님의 것을 하나님 뜻대로 사용했다면 말이죠.

주인의 것을 주인 뜻대로, 하나님의 것을 하나님 뜻대로 사용하여 과정의 축복을 누리는 예배의 시간 되기를 바랍니다.

제41강

묘수에는 정수로

바둑에서 '정수'라는 말을 많이 사용합니다. 이것은 '정석'이라고 생각하면 이해하기 쉽습니다. 상대방이 이렇게 했을 때는 이렇게 해 주는 것이 정석이라는 뜻입니다. 물론 사람마다 또는 상황마다 이 정수는 계속 바뀌겠지만 일반적으로 정수는 '원래 하던 대로 하는 것'에 가깝습니다.

'묘수'는 정수에서 벗어난 것이라고 보면 이해가 쉽습니다. 원래 하던 대로 대응하는 것이 아니라 '자주 하지 않는 대응'을 하는 것입니다. 그런데 이 묘수가 나왔을 때 가장 좋은 대응책은 정수입니다. 흔들리지 않고 원래 하던 것을 계속하는 것입니다. 묘수로 공격한 상대방은 흔들리지 않는 상대를 보고 당황하여 패배하는 경우가 많습니다.

사탄은 우리의 인생을 늘 비슷한 방식으로 공격합니다. 그래서 우리는 우리에게 주어진 정수 '예배'를 통해 그것을 이겨냅니다. 한 주간 힘들었던 마음을 치유받고 위로받기도 하고, 하나님으로부터 멀어졌던 마음을 회복하기도 합니다.

그런데 가끔은 사탄이 하던 대로가 아닌 새로운 방법으로 공격하기도 합니다. '묘수'를 두는 것입니다. 갑자기 시험성적이 바닥을 친다든가, 친구랑 싸운다든가, 이성 친구와 관계가 무너진다든가, 학교에서 부당한 일을 당하거나, 부모님과 관계가 틀어지기도 합니다.

그런데 그때 우리에게 가장 바람직한 대응은 정수대로 '예배'드리는 것입니다. 상대방의 공격 방식이 바뀐다 해도 계속하던 그 예배를 드리는 것입니다. 흔들리지 않고 예배하면 하나님은 그 문제의 해결자가 되시며 답을 주실 것입니다.

어떤 묘수에도 흔들리지 않는 정수, 어떤 공격에도 흔들리지 않고 예배하는 예배자가 되기를 바랍니다.

제42강

성벽을 세우는 이유

　유다 민족은 바벨론의 포로였습니다. 바벨론이 망한 뒤에는 페르시아의 포로가 되었습니다. 그러나 그들은 하나님이 사용하신 에스라, 느헤미야, 스룹바벨 등등 다음 세대의 활약으로 예루살렘에 돌아올 수 있었습니다.

　예루살렘으로 돌아와서 처음 했던 일은 성전을 다시 짓는 일이었습니다. 돌아오는 목적이 하나님께 제사 드리기 위함이었기 때문입니다. 그러나 예루살렘을 보호하는 성벽이 다 무너진 상태라 안전한 상태로 제사를 지낼 수 없었습니다. 그래서 하나님은 느헤미야를 택하셨고, 느헤미야는 하나님 은혜 아래 예루살렘 성벽을 재건할 수 있었습니다.

　느헤미야가 성벽 재건을 마치고 가장 먼저 했던 일은, 성서학자였던 에스라를 통해 하나님의 말씀을 함께 나누는 것이었습니다. 성벽을 만들어 안전한 공간을 만들고 그것을 하나님을 위해 사용했습니다. 하나님의 말씀을 나누기 위해 성벽을 재건한 것입니다.

우리는 하나님의 성전이며 또 성전이 되어가는 사람들입니다. 그런데 그 성전을 지키기 위한 성벽이 꼭 필요합니다. 그렇지 않고서는 늘 존재하는 원수들의 공격으로부터 안전하지 못하기 때문입니다. 느헤미야가 성전을 보호하기 위해 성벽을 세운 것처럼 튼튼한 믿음의 성벽을 쌓아 우리의 믿음을 지키는 노력이 필요합니다.

그리고 우리가 그 성벽을 통해 지켜야 할 것은 다름 아닌 하나님의 말씀을 듣는 시간, 하나님께 제사 드리는 시간입니다. 신약의 용어로 '예배'입니다. 우리는 예배하기 위해 믿음의 성벽을 쌓아야 합니다. 예배할 수 없게 만드는 많은 환경으로부터 우리를 지킬 수 있는 것은 믿음이라는 성벽입니다.

우리 마음대로 쌓고 부수고 할 수는 없지만, 하나님은 언제나 성벽을 새롭게 만들기 원하십니다. 예배함으로 성벽을 재건하고, 성벽을 재건함으로 예배를 세워가는 하나님의 귀한 자녀들이 되기를 바랍니다.

제43강

무엇 때문에 바쁘십니까?

우리는 참 많이 바쁩니다. 특별히 한국 사람들은 더 바쁩니다. 직장인, 대학생, 중·고등학생은 말할 것도 없고 유치원생도 바쁘게 사는 것이 우리의 현실입니다. 어떤 사람은 돈 때문에 바쁘고 어떤 사람은 성적 때문에 바쁘고 어떤 사람은 SNS 때문에 바쁘고 어떤 사람은 연애하느라 바쁘고 어떤 사람은 친구들과 노느라 바쁩니다.

그러고 보니 모두가 바쁘기는 하지만 다 다른 이유로 바쁩니다. 더 자세히 살펴보니 바쁜 이유는 결국 바쁜 사람의 선택에 의한 결과이기도 합니다.

누가복음 10장에는 마르다와 마리아 자매 이야기가 나옵니다. 예수님이 집에 오셨는데 마르다는 집을 치우고 음식을 준비하느라 너무나 분주합니다. 바쁘게 일하다 보니 동생 마리아가 예수님 앞에 앉아 있는 것이 보였습니다. 그래서 마르다는 예수님께 마리아도 일하도록 만들어 주시기를 부탁했지만, 예수님은 반대로 마르다에게 몇 가지만 하든지, 한 가지만 해도 좋다고 하시며 오히려 마리아의 선택을 칭찬하십니다.

마르다는 분명 예수님을 위해 한다고 생각하고 열심히 일했는데, 정작 예수님은 아무것도 하지 않은 마리아를 칭찬하셨습니다.

왜 그러셨을까요?

마르다는 예수님을 위해 바쁘게 일한다고 생각했지만, 예수님은 그것을 원하지 않으셨습니다. 오히려 음식이 없고 집이 좀 더러워도 같이 이야기하기를 원하셨던 것입니다.

여러분은 무엇 때문에 바쁘십니까?

우리는 하나님의 자녀로서 해야 할 일이 너무나 많습니다. 그런데 일이 많고 바쁘더라도 반드시 1순위로 선택해야 하는 것은 하나님과 이야기하는 시간, 곧 예배입니다. 우리는 예배하기 위해 바빠야 합니다. 예배하기 위해 다른 일들을 하고, 예배하기 위해 일정을 조정하는 것이 상식이 되어야겠습니다.

제44강

예배의 능력

 신학대학원을 마치고 나서, 신학은 평생 공부해야 한다는 마음으로 세부 전공을 선택하여 석사 공부를 이어가기로 마음먹었습니다. 평소 상담에 관심이 많았을뿐더러, 일찌감치 학교 생활상담소에서 일하기도 했으며, 상담학 교수님들과 관계도 좋았습니다. 당연히 '목회상담'이라는 세부 전공을 택하여 공부하려고 마음먹고 있던 때, 가장 좋아하고 존경하는 상담학 교수님께서 조용히 말씀하셨습니다.
 "전도사님, 예배학을 잘 배우십시오."
 이유는 간단했습니다. 몇 개월간의 상담으로 치료될까 말까 한 것들이 예배에서는 10분 안에도 치료될 수 있다고 말씀하시며, 예배 인도하는 사람이 굳이 상담을 배울 필요 없다는 말이었습니다.
 교수님께서 상담을 무시하시는 게 아니라, 예배에 능력이 있음을 말씀해 주신 거라고 생각합니다. 그 말씀에 지금도 동의합니다.

일주일에 한 번 드리는 1시간 남짓한 이 예배에 어마어마한 능력이 있습니다. 우리를 하나의 공동체로 부르신 예수님을 만나는 공식적인 시간이기 때문입니다. 예수님을 만나는 시간이기에 예배는 능력이 있습니다. 예배에 예수님이 빠진다면 거기에는 아무런 능력이 없습니다.

 성경에 나오는 많은 '문제 있는 사람'들이 예수님을 만나고 해결 받았습니다. 38년 된 병자가 그랬고, 간음하다 잡힌 여인이 그랬고, 우물가에 있던 사마리아 여인이 그랬고, 구원이 궁금했던 니고데모도 그랬습니다.

 우리는 예수를 만남으로, 예배함으로 어떤 문제도 해결 받을 수 있습니다.

 문제가 생겼을 때 사람부터 찾고, 방법부터 고민하기 전에 예수님을 만납시다.

 그분을 예배합시다.

 할렐루야!

제45강

예배입니까 '쇼'입니까?

마르바 던(Marva Dawn)이라는 예배학자는 예배를 '고귀한 시간 낭비'(A Royal Waste of Time)라고 표현했습니다. 이 표현에 전적으로 동의합니다. 던이 말하는 것처럼 예배는 낭비입니다. 어찌 되었든 예배는 낭비가 맞습니다.

그런데 예배가 고귀한 낭비가 되는 것과 그냥 낭비되는 것은 완전히 다릅니다. 고귀하다는 것은 너무너무 귀하다는 말과 같으니, 귀한 낭비인지 아무것도 아닌 낭비인지의 차이와 같습니다.

그렇다면 무엇이 그 낭비를 고귀하게 하고 무엇이 하찮게 만드는 것일까요?

존경하는 A.W 토저 목사님은 자신의 저서를 통해 이렇게 물었습니다.

"예배인가 쇼인가?"

교회를 다니면 다닐수록 예배에서 (의식적으로든 무의식적으로든) '쇼'를 하는 경우가 늘어납니다. 마음이 전혀 담기지 않은 대표기도를 한다거나, 말씀이 은혜가 되지도 않는데 누군가 볼까 봐, 들을까 봐 '아멘'을 하는가 하면, 앞에 나가 무엇을 할 일이 생길 때 누가 나를 어떻게 생각할지 고민하게 됩니다. 어떻게 하든 투명인간이 아닌 이상 예배에서 누군가에게 보여질 수밖에 없는 것이 현실입니다. '쇼' 하지 않을 수는 없는 것입니다.

맞습니다. 어떤 의미에서 우리는 '쇼'를 할 수밖에 없습니다. 그리고 '쇼'를 해야 하는 때도 있습니다. 문제는 사람에게 어떻게 보일지만 고민하고 하나님에게 어떻게 보일지 고민하지 않는 데 있습니다.

사람이 먼저가 아니라 하나님 앞에서 '쇼'를 해야 합니다. 하나님께 '쇼' 하는 시간은 고귀하지만 사람 앞에서 '쇼' 하는 시간은 쓸모없고 무의미한 것입니다. 예배가 하나님 앞에 온전히 드려지는 것이 되지 않고 사람 앞에서 '쇼' 하는 것으로 전락하는 것이야말로 큰 문제입니다. 예배가 되지 않고 말씀이 들려지지 않는 것을 놓고 고민하고 기도하는 우리가 되기를 바랍니다.

사람 앞에서 '쇼' 하지 말고 하나님 앞에 예배합시다.

제46강

은혜와 감사

우리가 앞서 나누었던 2G를 기억하십니까?

핸드폰에 3G, 4G, 5G가 있다면 예배에는 2G가 있습니다. '그레이스'(Grace)와 '그래티튜드'(Gratitude), 이 두 가지만 기억하면 됩니다.

그레이스, 곧 '은혜'는 하나님이 우리에게 주시는 것이고, 그래티튜드, 곧 '감사'는 우리가 하나님께 드리는 것입니다. 그러니까 예배는 하나님이 주시는 은혜에 인간이 감사하는 행위입니다. 그런데 저는 이 말을 처음 접했을 때 무엇이 은혜고 무엇이 감사인지 알아듣기 어려웠습니다. 이번에는 좀 더 구체적으로 알아보고자 합니다.

우리가 드리는 예배의 순서를 따라 안내해 볼까 합니다. 매주 조금 다르기는 하지만 일반적으로 교회에서 드리는 예배는 입례송부터 말씀 선포까지는 하나님의 은혜로, 결단부터는 우리의 감사로 구성됩니다. 이렇게 구성되는 이유는 하나님의 은혜로 우리가 예배에 나와 하나님을 경배하는 것이고 그것에 감사하기에 의도적으로 앞뒤에 배치했기 때문입니다.

그러니까 우리는 매주 예배 가운데 하나님의 은혜에서 출발하고 하나님께 감사드리며 예배를 마치게 되는 것입니다. 사실 우리가 드리는 예배는 매주 감사였던 것입니다.

우리는 오늘도 예배드릴 것이고 드렸을 것입니다. 이 글을 언제 읽느냐에 따라 달라지겠지만 어쨌든 우리가 예배한다는 것은 감사한다는 것과 다른 말이 아닙니다.

여러분! 감사하고 계신가요?

예배하는 것이 감사하신가요?

이 질문 앞에 우리는 '예배에 이런 것이 없어서', '내 맘에 들지 않아서' 감사하기 어렵다고 할지도 모르겠습니다. 하지만 우리가 드리는 예배에서 우리는 '소비자'가 아닙니다. 앉아서 구경하고 결과를 평가할 수 있는 '소비자' 혹은 '관객'이 아니라 우리가 바로 하나님 앞에 예배하는 '배우'입니다. 다른 말로 '예배자'입니다.

여러분!

감사합시다.

우리 예배 가운데서 감사하고, 삶에서 예배하며 또 감사합시다.

다른 이유를 찾기보다는 그저 예배할 수 있도록 부르신 사실만으로도 감사할 수 있기를 바랍니다.

제47강

소비문화와 예배자

 오늘날 모든 사람은 '소비자'입니다. 가장 평범한 일상의 하나인 밥 먹는 것도 밖에서 먹든 집에서 먹든 전부 소비하는 과정을 거치기 마련이고, 편의점에 가도, 피시방에 가도, 출근해도, 학교에 가도 우리는 소비와는 뗄 수 없는 세계에서 살고 있습니다. 그래서 현시대를 소비문화 시대로 보는 것은 당연한 일입니다.

 소비문화의 가장 큰 특징은 '손님이 왕'이라는 사실입니다. 식당이든 백화점이든 손님의 요구에 맞추지 않으면 갑질을 당하기도 하고, 주위 사람들의 시선에 아랑곳하지 않고 갑질을 하려는 사람들도 많습니다. 손님은 언제나 대우를 받거나, 받아야 하는 존재이기 때문입니다.

 문제는 이 소비문화가 전염성이 강해서 교회도 비슷하게 만든다는 것에 있습니다. 언제부턴가 교회에 오는 성도들은 부지불식간에 자신을 '소비자'로 착각하기 시작했습니다.

손님으로 교회에 와서 집어 주는 주보를 들고 앞에서 부르는 노래를 구경하고, 앞에서 해 주는 이야기를 듣고 싶으면 듣고 듣기 싫으면 스마트폰을 만지기도 하며, 그냥 잠을 자기도 합니다. 예배하는 자리에 앉아 있지만, 손님이 되어서 왕의 자리에 자기가 앉게 되는 것입니다.

근데 정말 예배 시간에 내가 손님이고 내가 왕이어도 되는 건가요?

잘은 몰라도 그건 아니라고 누구나 생각하실 겁니다. 우리는 소비자가 아니라 '예배자'입니다. 예배 시간에는 누구도 판매자도 소비자도 아니고 모두가 예배자입니다. 앞에 서서 인도하는 전도사님이나 목사님도 판매자가 아니라 예배자입니다. 예배를 구경하고 평가하는 것은 하나님만 하실 수 있는 일입니다.

그날 예배가 나에게 좋았는지 나빴는지, 설교가 재미있었는지, 찬양이 내 취향에 맞았는지 평가하는 것은 우리가 예배에 손님이기 때문입니다. 우리는 손님이 아니라 예배자입니다. 예배가 재미없고 마음에 안 드는 것에 대한 책임이 나한테도 있다는 뜻입니다.

오늘도 우리는 예배합니다. 손님으로 왕의 자리가 아니라 하나님이 왕이심을 기억하며 소비자가 아니라 예배자로 승리할 수 있기를 바랍니다.

제48강

대림절은 무엇인가요?

현재 대림절은 성탄절 전 네 번의 주일로 지켜지고 있습니다. 대림절은 교회력의 시작이며, 그리스도인에게는 새해가 시작되는 시간이기도 합니다. 주승중 목사님의 저서 『은총의 교회력과 설교』 중 대림절에 관한 내용을 정리하며 의미를 짚어보고자 합니다.

대림절에 해당하는 영어 '애드번트'(Advent)는 두 개의 라틴어 '애드'(ad)와 '베니레'(venire)에서 유래하며 '오다'라는 뜻이 있습니다. 대림절의 의미는 '하나님이 그리스도로서 이 세상에 오신다'는 것입니다.

즉, 대림절은 그리스도의 '이미 오심'(Already)과 '다시 오심'(Not Yet)을 맞이하기 위한 준비의 절기입니다. 대림절은 예수님이 첫 번째 오셨던 생일을 축하하는 것 이상의 의미가 있습니다.

대림절은 두 가지 중요한 의미를 띠며 발전했습니다.

첫째, 예수님이 육신을 입으시고 이 땅에 오심을 축하하는 것입니다.
둘째, 모든 믿는 자가 마지막 때에 하나님의 심판대 앞에 서는 영광의 날을 준비하는 것입니다.

초대교회 성도들은 '마라나타'(Maranatha)를 고백해 왔는데, 이 말은 두 가지로 번역됩니다. 'maran atha' 즉 '예수님이 이미 오셨다'는 뜻이 있고, 'marana tha'로 해석하면 미래형으로 '예수님이 다시 오실 것을 기다린다'는 뜻입니다. 우리는 역사 가운데 예수님이 이미 오셨다는 믿음과 미래에 다시 오실 예수님에 대한 기대 사이에 살고 있는 것입니다.

대림절은 단순히 크리스마스 행사를 준비하는 시간이 아닙니다. 대림절의 주제는 세상 끝에 어떤 일이 있을지 기억하고 그리스도인다운 모습과 본분을 되새기는 '종말론적 교회의 시간'입니다.[14]

대림절 첫 번째 주인 오늘 우리는 지난주와 다름없이 예배드립니다. 그러나 최소한 대림절을 맞이한 오늘, 이미 오셨던 예수님으로 인해 기뻐하되 다시 오실 예수님을 기대하기

---

14 주승중, 『은총의 교회력과 설교』, (장로회신학대학교, 2004), 229-232.

를 바랍니다. 그저 성탄절 전 어떤 주일이 아니라 언제 오실지 모르는 그분의 다시 오심을 기대하며 기다리는 마음이 고스란히 담긴 예배가 되기를 바랍니다.

오늘 예배가 마지막 예배인 것처럼 기뻐함으로 예배합시다.

마라나타!

제49강

기다림과 예배 (대림절)

'기다림'은 기분을 좋게 만드는 단어일까요?

아니면 사람을 힘들게 만드는 단어일까요?

대부분의 단어가 두 가지 성격을 지닙니다. 배부를 때 "밥 먹어라"라는 말이 고문처럼 들리지만 배고플 때는 그보다 기쁜 소식은 없으니까요.

여러분에게 '기다림'은 어떤 의미가 있나요?

한번 가정해봅시다. 12월 25일 크리스마스에 좋아하는 이성에게 고백하려고 마음먹고 있는 사람이 있습니다. 그런데 이미 그 이성과 썸을 타고 있고 정말 잘 될 것만 같은 느낌이 들고 있습니다. 그러나 더 의미 있는 날 사랑을 시작하고 싶어 크리스마스를 기다리고 있다고 해봅시다. 그런 사람에게 이 기다림은 설레고 가슴 뛰게 하는 단어가 될 겁니다.

그런데 크리스마스 날, 고백하려고 했던 상대방이 약속 시각에 나오지 않고 연락도 되지 않는 상황에 약속 장소에 와있다고 하면 그때부터 기다림은 세상에서 가장 지루하고 가슴 조이게 만드는 단어로 변할 것입니다.

성경에도 나오는 기다림 중 가장 멋진 말씀은 이것이라고 생각합니다.

> 사람이 여호와의 구원을 바라고 잠잠히 기다림이 좋도다 (애 3:26).

성탄절에 그 바라고 바라던 구원의 역사가 시작되었습니다.

하나님의 구원하심을 잠잠히 기다리는 이 시간이 '좋은' 시간이 된다면 얼마나 좋을까요?

오늘 예배를 시작으로 예수님을 기다리는 이 '대림절' 기간 동안 예수님과 썸타기를 바랍니다. 크리스마스가 예수님이 우리에게 사랑을 고백하러 오신 날이라면, 또 우리가 예수님의 오심을 감사하며 사랑을 고백하는 날이라면, 이 대림절 기간 예수님과 썸타며 가슴 뛰는 시간이 되기를 바랍니다. 예수님을 매주 가슴 조이게 하고, 예수님께만 기다림을 요구하는 우리의 모습이 아니라 예수님도 가슴 뛰고, 우리도 가슴 뛰는 시간으로 가득 채워지기를 바랍니다.

우리 예수님은 이미 오셨고 다시 오실 것이며 오늘 예배 가운데에도 이미 우리와 함께하고 계십니다. 그분을 기다리며 예수님과 썸타는 예배의 시간 되기를 바랍니다.

제50강

세례 요한 같은 예배자 1

성탄을 준비하는 우리에게 귀중한 메시지를 주는 한 인물이 있습니다. 바로 예수님의 오실 길을 준비했던 세례 요한입니다.

세례 요한은 출생부터 등장까지 이스라엘 백성의 이목을 끌 만했습니다. 사실 마음 먹고 인기를 끌면 당시 최고 스타가 되고 메시아의 자리를 꿰찰 기회가 있었습니다. 그러나 그 인생의 목표는 오직 그리스도만을 높이는 것이었습니다. 그래서 이렇게 고백했습니다.

> 그는 흥하여야 하겠고 나는 쇠하여야 하리라(요 3:30).

예배하는 우리에게는 늘 이런 유혹이 있습니다.

'누가 날 이렇게 생각하면 어떻게 하지?'

'내가 지금 멋져 보이나?'

'예뻐 보이는 중인가?'

부끄러운 이야기이지만 이 글을 쓰고 있는 저도 20대 초반 한창 캠프에서 찬양할 때, 당시 최고의 SNS 싸이월드 방문자가 얼마나 늘어나는지를 자주 점검했습니다. 당시 금식도 자주 하고 기도도 많이 했지만, 그 유혹을 뿌리치기 어려웠습니다.

예배 가운데 나를 드러내지 않을 수 없고, 사람들은 여전히 우리를 쳐다보며 때로는 평가하고 구경할 수도 있지만, 세례 요한의 메시지가 우리에게 중요한 울림을 전합니다. 예배 가운데 우리가 살고 예수가 죽으면 예배는 망합니다. 반대로 예수는 살고 우리가 죽으면 결국 예수도 살고 우리도 살게 될 것입니다.

오늘 예배 가운데 나는 죽읍시다.

예수님을 가리는 모든 것을 내려놓고 하나님만 예배하기를 힘써봅시다.

우리를 통해 예수만 드러나는 귀한 예배의 시간 되기를 바랍니다.

제51강

세례 요한 같은 예배자 2

대림절을 지나며 예수님의 오심을 기다리는 우리, 지난주 세례 요한을 통해 예배에 대한 태도에 대해 나누었습니다. 나는 죽고 예수만 살도록 예배하자고 했습니다. 그런데 이 말은 예배를 대충 준비해도 된다는 뜻도 아니요, 우리야 어떻든 상관없다는 의미도 아닙니다.

이스라엘 사람들은 세례 요한을 통해 예수님의 소식을 듣게 됩니다. 구원자가 오실 것이라는 기대감을 가지게 되고, 그분의 오심을 기다리게 됐습니다. 어쩌면 세례 요한이 예수님이 오실 길을 멋지게 준비했기 때문에 예수님이 더 빛나고 스포트라이트를 받을 수 있었는지도 모릅니다.

우리가 그런 역할을 감당할 수 있기를 바랍니다. 우리가 예수님을 다 드러낼 수 있는 것은 아니지만 우리가 연습하고 준비한 것 그리고 예배하는 태도를 보고 누군가는 오늘 예배 가운데 임하시는 하나님의 역사를 기대하게 될지도 모릅니다.

그 기대가 하나님의 역사하심으로 은혜가 된다면 우리는 세례 요한이 예수님의 길을 준비했던 것처럼 귀한 사역을 감당하게 될지도 모르겠습니다.

예배함으로 하나님을 기대하게 하는 역할을 잘 감당하기를 바랍니다. 예배 가운데 하나님을 향한 기대와 열망으로 가득하기를 소망합니다.

제52강

예배와 나, 설렘

설렘, 우리는 이 단어를 언제 사용할 수 있을까요?

한 해를 마무리하며 새해를 기다리며 그런 감정을 느끼는 사람도 있을 것이고, 이성 친구와 기념일을 기다리며 설레는 사람도 있을 것입니다. 중간고사, 기말고사가 끝나기만을 기다리며 설레는 사람이 있을 수도 있고, 큰 프로젝트가 끝나기만을 고대하며 기다리는 직장인이 있을지도 모르겠습니다. 그러고 보니 이 설렘이라는 것이 주로 '기다림'에서 '도착'으로 갈 때 생겨납니다.

우리는 지금 예배를 기다리고 있습니다. 그리고 예배 시간으로의 도착을 향해 가고 있습니다.

그렇다면 지금 우리는 설레야 하는 것 같은데 여러분은 설레고 계신가요?

'설렘'이라는 단어가 이 시간 정말 떠오르시나요?

사실 쉬운 일은 아닙니다. 예배를 준비하며 부담이 있을 수 있고, 예배드리기에 너무 피곤하거나 몸이 안 좋을 수도 있고, 때로는 해야 할 일이 많아서 몸은 여기 있으나 마음은 다른 데 가 있을 때도 분명히 있을 것입니다.

과연 우리는 예배를 기다리는 이 시간, 설렐 수 있을까요?

정답을 제시할 수는 없지만, 분명히 설렐 수 있습니다. 돌이켜 보면 많지는 않지만 분명 그런 감정을 느꼈던 예배가 있었을 겁니다.

저의 경우 예배 준비를 오랫동안 공들여서 했을 때 설렘이 가득했습니다. 2018년 뮤지컬예배를 올리기 전, 중·고등부 찬양팀과 주일 저녁 예배를 인도하기 전, 수련회 첫 예배를 시작하기 전 등등 많은 상황이 있었지만 분명한 공통점은 준비가 된 예배에 좀 더 설렜다는 것입니다.

사실, 예배 때 아무 준비 없이 와서 그냥 앉아 있을 때를 떠올려보면 오늘 무슨 말씀을 들을지, 어떤 찬양을 부를지 별 관심도 없을 것입니다. 그러나 준비했을 때 기대하는 마음이 커지면 이것이 설렘으로 바뀌게 됩니다.

예배하는 자리와 관계없이 예배를 준비하기 바랍니다.

앞에 서서 예배하지 않는다고 해도 미리 성경 구절 한 번 찾아서 읽어보고 오늘 어떤 말씀을 주실지 기대해보는 것, 오늘 부를 찬양은 무엇인지 궁금해하는 것, 모르는 찬양이 있다면 미리 한번 들어보는 것만으로도 예배를 기다리는 시간이 조금은 더 설레는 시간으로 바뀌지 않을까요?

우리의 예배를 기다리시며 설레고 계실 하나님 앞에 우리도 그렇게 나아가기를 소망합니다. 예배를 준비하는 시간부터 이미 예배는 시작되었음을 생각하며 그 모든 시간을 '설렘'으로 가득 채우기를 바랍니다.